DANIEL AUGUSTO MARTINS

O QUE É O AMOR?

1ª edição

2019

CAPA

YGOR MORETTI FIORANTE

DIAGRAMAÇÃO

GRACIANE AUGUSTO MARTINS

REVISÃO

ADRIANA VASCONCELOS

ISBN

9788592227715

SUMÁRIO

INTRODUÇÃO

Antes de mais nada, queremos convidar todas as pessoas, de todos os credos e mesmo os que não creem em nada, a compartilhar nossa visão de amor, pois essa será bastante ampla.

Nosso objetivo não é convertê-lo a uma religião; que cada um de vocês continue tendo sua crença, se assim desejarem. O que queremos é apresentá-los ao verdadeiro amor, que pouca gente conhece, pois se perdeu no tempo; estamos nesse momento procurando resgatar sua história e seu significado.

Portanto, não queremos lhe evangelizar, nosso objetivo é ensinar a tomar as atitudes certas para você ajudar seus semelhantes que estão precisando do seu carinho.

Queremos que vocês se desfaçam de todo conhecimento que adquiriram até hoje. Toda bagagem que possuem sobre o assunto, peço que nesse momento esqueçam, pelo menos enquanto estiverem lendo essa obra. Pois, se os prezados leitores levarem em consideração o que já aprenderam, poderão formar preconceitos sobre tudo que apresentaremos mais adiante.

Logo, pedimos: se possível, passe uma borracha na sua definição de amor, pois provavelmente aquilo que explicaremos será muito diferente dos conceitos que vocês provavelmente já têm preestabelecidos.

Nos acompanhe na passagem bíblica abaixo:

"Caminhando Jesus e os seus discípulos, chegaram a um povoado, onde certa mulher chamada Marta o recebeu em sua casa.
Maria, sua irmã, ficou sentada aos pés do Senhor, ouvindo-lhe a palavra. Marta, porém, estava ocupada com muito serviço. E, aproximando-se dele, perguntou: 'Senhor, não te importas que minha irmã tenha me deixado sozinha com o serviço? Dize-lhe que me ajude!'
Respondeu o Senhor: 'Marta! Marta! Você está preocupada e inquieta com muitas coisas; todavia apenas uma é necessária. Maria escolheu a boa parte, e esta não lhe será tirada'". Lucas 10:38-42

Citamos inicialmente a passagem bíblica de Marta e Maria, pois queremos que os leitores observem como o conceito de certo e errado pode variar de pessoa para pessoa. Para Marta a definição do correto era que sua irmã viesse trabalhar com ela, no entanto para Maria o correto era ouvir as palavras de Jesus.

Jesus, quando foi abordado por Marta, a corrigiu e a orientou a ouvir sua mensagem em vez de trabalhar, ou seja, Marta tinha uma visão distorcida do que era certo ou do que era errado.

Presumimos que a maioria das pessoas são como Marta, em outras palavras, adquiriram ao longo de suas vidas hábitos e valores bem distantes da verdade e, por essa razão, muitas vezes ficaram prejudicadas. Portanto, nossa missão aqui é resgatar o sentido do amor que infelizmente foi e está sendo deteriorado por filmes, livros de romances, novelas, séries e até conhecidos seus que talvez tenham lhe trazido conhecimentos diferentes dos quais você deveria já saber.

Quantos já não ouviram falar dessa palavra "AMOR" e quantos outros já não a pronunciaram ao longo de sua vida. Porém, será que nós paramos para refletir o que estamos falando? Como dissemos, nos filmes, novelas, séries e também nas músicas seculares, usa-se muito esse termo, porém acreditamos que os que o proferem frequentemente mal sabem o que realmente estão dizendo. Igualmente nos livros, vejo que os escritores romancistas têm uma visão muito superficial sobre o assunto e logo acabam transmitindo uma ideia igualmente errática.

E por que se preocupamos em falar sobre esse tema? Porque o conceito de amor para quase todo mundo é bem diferente daquele a qual a bíblia prega. Aliás, diga-se de passagem, que a concepção bíblica é muito mais rica e abrangente em comparação com qualquer outra fonte de informação que possa eventualmente abordar essa questão.

Por essa razão, entre outras coisas, estamos aqui para esclarecer e explicar de uma forma bem agradável e minuciosa o que significa amar. Os leitores verão como o amor é algo extraordinário.

Dependendo da versão bíblica o termo amor também pode ser definido como caridade, ou seja, há versões que empregam esse sentimento com a palavra "amor", já outras a substituem por "caridade", contudo, informo que são sinônimos e que não há nenhuma diferença significativa entre esses dois termos só para esclarecimento ao caro leitor.

A bíblia inicialmente foi escrita em hebraico e depois traduzida para o grego e, muito tempo depois, foi traduzida para outras línguas, como a portuguesa. Entretanto, na língua grega a palavra amor pode estar colocada de quatro formas distintas que veremos mais adiante. Na língua portuguesa, infelizmente, só há um termo que representa o sentimento, logo isso acaba limitando a nossa compreensão sobre o assunto, pois, como dito anteriormente, para essa palavra a princípio ocorrem vários significados. Então, resumidamente de acordo com a teologia, existem quatro tipos de amores que se originaram do grego e que vamos elencar e estudar mais abaixo:

AMOR STORGE

O amor Storge consiste no Amor de pais para filhos e vice-versa, nesse caso é mais do que natural que qualquer um tenha, pois é algo que surge a partir do momento em que o indivíduo vem ao mundo, ou seja, a pessoa já passa a ser amada por seus familiares, desde quando é um bebê de colo.

AMOR PHILEO

O Amor Phileo consiste naquele sentimento nutrido por seus amigos que nós chamamos muitas vezes de amizade. Surge muito nas escolas, vizinhanças e locais de trabalho.

AMOR EROS

O Amor por um homem ou mulher onde você se sente atraído, onde surge e cresce àquele desejo intenso de acariciá-la(o), beijá-la(o), de ter relações mais íntimas. Em grego o <u>Eros</u> simboliza a paixão, que pode ser passageiro. O amor Eros também se faz presente nas relações homoafetivas e pedófilas onde analisaremos esses dois últimos casos mais detalhadamente em capítulos posteriores.

O Eros geralmente é desprovido da razão, ou seja, as pessoas quando apaixonadas não levam em consideração se seu sentimento por àquele indivíduo é racional ou irracional. Quando começarmos a falar sobre namoro e casamento, os leitores entenderam melhor o que estamos querendo dizer com o termo racionalidade e irracionalidade.

AMOR ÁGAPE

Desses quatro tipos, o mais importante sem sombra de dúvidas é o Ágape, que é um reflexo do Pai Celestial. Este apresenta-se como um dom natural que Deus concede a todo ser humano ao nascer, ou seja, toda criança, adolescente, homem ou mulher o tem, só que muitos não o desenvolvem, outros o exercitam parcialmente e outros já fazem na sua totalidade.

Normalmente, quando praticado de forma plena, costuma ser duradouro e não transitório, como são os outros. O amor Ágape está apoiado na racionalidade e não na emoção; quando a pessoa age por meio do Ágape, ela sabe perfeitamente o que está fazendo e não tem dúvidas.

Então, o Ágape pode ser definido como o amor ao próximo, o amor a Deus, algo incondicional. Porque, quando você diz que ama a Deus você se doa, se entrega seguindo as orientações dele e rejeitando qualquer coisa que seja contra a vontade dele. Por exemplo, no caso de Cristo, ele se entregou para ser crucificado por amor a seu Pai e também ao ser humano, visto que ele não tinha nenhuma intenção de passar por esse tipo de sofrimento, aliás ninguém em sã consciência gostaria de estar no lugar dele e ter uma morte tão violenta.

No caso do amor Eros, há a dependência de uma atração física; se você não se sente atraída(o) por alguém, o Eros deixou de existir, o que quer dizer ele é circunstancial e limitado.

O amor Storge (Pais para filhos e filhos para Pais) é a mesma coisa, só que o contexto é alterado, ou seja, se você não estiver entre seus parentes mais próximos ele deixou de existir. Sendo assim, com exceção do Ágape, os demais amores são todos ocasionais e atrelados a uma circunstância em específico. Logo, você não precisa estar apaixonada(o) para ser bem-sucedido no casamento. O que você precisa é ter o amor Ágape.

O casamento não sobrevive sem esse tipo de amor. Imagine se por 24 horas você ficasse sem tomar água, não diria que o leitor morreria, mas que ficaria bem desidratado, isso é mais do que certo. Imagine se fossem 48 horas, seu organismo ficaria muito prejudicado. Sendo 72 horas (três dias), muito provavelmente seria seu fim. O casamento sem o Ágape é como o corpo sem água, ele se deteriora aos poucos, vai enfraquecendo até chegar a hora que não dá mais. Ainda que entre você e o seu parceiro exista o amor Eros e o amor Phileo (amizade), sem o Ágape as coisas estão fadadas ao fracasso.

CAPÍTULO 1

A DEFINIÇÃO DO AMOR SEGUNDO A BÍBLIA

Retirada da bíblia, há uma descrição detalhada dos significados desse dom belíssimo, contudo são raros os que conseguem compreendê-lo na sua essência. Vejamos:

"O amor é sofredor, é benigno; o amor não é invejoso; o amor não trata com leviandade, não se ensoberbece. Não se porta com indecência, não busca os seus interesses, não se irrita, não suspeita mal; não folga com a injustiça, mas folga com a verdade; tudo sofre, tudo crê, tudo espera, tudo suporta." 1 Coríntios 13:4-7

Pois bem, como vocês observaram, logo acima está a manifestação ou as manifestações do amor Ágape. O apóstolo Paulo, ainda nesta carta aos coríntios, no capítulo anterior, mais precisamente no capítulo 12, comenta sobre dons espirituais. Vejamos:

"E a uns pôs Deus na igreja, primeiramente apóstolos, em segundo lugar profetas, em terceiro, doutores, depois milagres, depois dons de curar, socorros, governos, variedades de línguas". 1 Coríntios 12:28

"Portanto, procurai com zelo os melhores dons; e eu vos mostrarei um caminho mais excelente".1 Coríntios 12:31

Esse "caminho mais excelente", que Paulo menciona e que ele apresentará de forma mais detalhada no capítulo 13, é o dom do amor. Mas antes deixo explicar-lhe o que é um dom conforme a definição bíblica. Por exemplo, o dom de cantar, o dom de desenhar, o dom de tocar instrumentos, o dom de cozinhar, etc são todos dons naturais. Dessa forma, dom natural é uma coisa e dom espiritual é outra. Então, voltando ao assunto do amor Ágape, esse constitui-se de um dom que o ser humano adquiri naturalmente, <u>pois os demais só o Espírito Santo pode conceder mediante situações especiais</u>.

O AMOR ÁGAPE é um dom natural, ele não é espiritual, pois todo ser humano já nasce com ele, porém se não ocorrer estímulos, o mesmo tende a ficar adormecido. Por exemplo, entre os dez mandamentos dois deles dizem o seguinte: amarás a Deus sobre todas as coisas e amarás o próximo como a ti mesmo. Você só consegue amar quando você coloca em prática o que Paulo sugeriu no capítulo 13, ou seja, deixando de buscar somente seus interesses; sendo benigno, não se irritando, crendo e esperando, não sendo invejoso, etc.

Assim sendo, se você não exercita, não coloca em prática o que Deus está lhe determinando, como você pode dizer que você ama a Deus e que você ama seu próximo?

Porque os outros três tipos de amores são muito fáceis de nós praticarmos (Storge, Phileo e Eros), pois eles acontecem espontaneamente...; já o amor Ágape precisa ser desenvolvido, aperfeiçoado e compartilhado. Mas, quando colocado em prática, outras pessoas vão lhe observar e podem ser influenciadas pelo seu comportamento, em outras palavras, seu exemplo pode fazer toda diferença.

O amor Ágape é como uma semente, se você não dê-lhe água e não adubar-lhe o solo, esta não vinga e jamais se tornará uma árvore. O amor Ágape deve ser praticado. Foi isso que Paulo procurou dizer em sua epístola, pois o que nos adiantará termos dons espirituais, se formos desprovidos da caridade (amor Ágape). Observem:

"Ainda que eu falasse as línguas dos homens e dos anjos, e não tivesse amor, seria como o metal que soa ou como o sino que tine.

E ainda que tivesse o dom de profecia, e conhecesse todos os mistérios e toda a ciência, e ainda que tivesse toda a fé, de maneira tal que transportasse os montes, e não tivesse amor, nada seria". 1 Coríntios 13:1,2

O Amor Ágape pode ser entendido como a capacidade de tratar bem e respeitar as pessoas independentemente se estes são seus amigos ou inimigos, enfim, este sentimento não visa interesses próprios, mas sempre o de terceiros. É por isso que há tantos divórcios, pois quase sempre os casais se uniram por meio do amor Eros, que, na prática, não passa de um sentimento frágil e passageiro.

O amor Ágape é muito mais abrangente, mais rico, mais duradouro do que todos os outros e é por essa razão que estamos escrevendo esse livro, pois as pessoas têm dificuldade em entender o que é esse sentimento. Nosso objetivo é ensinar o leitor a colocar em prática esse dom natural maravilhoso.

Vocês já devem ter ouvido falar do **Adolf Hitler** algum dia, não estou certo? Certamente que a maioria já deve ter ouvido falar, mas para quem não sabe, este foi um líder ditatorial nazista que durante a Segunda Grande Guerra foi o responsável pelo extermínio de seis milhões de pessoas, simplesmente porque eram judias ou não pertencentes a raça branca (ariana).

Vamos imaginar hipoteticamente que os pais de Hitler, quando este nascesse, o entregasse para ser criado por um pai e mãe na Nigéria, onde normalmente só há pessoas de pele escura e ele crescesse nesse local. Você acha que quando adulto ele seria racista ou antissemita (ter ódio aos judeus)?

É certo que ele pensaria como os nigerianos, agiria como os nigerianos, vestir-se-ia como os nigerianos, tendo oportunidade, casaria com uma nigeriana, ou seja, herdaria o mesmo costume inerente a esse povo.

Quer dizer, Deus jamais criaria um monstro como Hitler. Este acabou se tornando um ser abominável em razão da maneira que foi criado e do meio social que estava inserido. Se neste ambiente o qual ele fazia parte houve a total ausência do amor Ágape o fato dele ter se tornado um assassino não é de se estranhar.

Agora, algo que eu acho interessante nessa história é que ele casou-se com uma senhora chamada Eva Braun cuja foto coloco mais abaixo.

Eu pergunto se, por acaso, ela fosse judia, será que ele iria amá-la? Tenho certeza que não, pois, como dito anteriormente, ele odiava e perseguia os judeus. Então vejam que Hitler ao amar essa mulher, a amava com o amor Eros, ou seja, pelo desejo, pela atração física. Quer dizer, quando se trata do Eros até o pior dos criminosos pode demonstrar amor, pois não acho que houve na face da terra um ser humano tão ruim quanto ele.

Em outras palavras, os ladrões, os políticos corruptos, os traficantes de drogas também amam suas namoradas/esposas com o amor Eros, seus familiares com amor Storge e seus amigos com o amor Phileo.

Agora me prove que esses são capazes de amar a Deus e também ao próximo, amar as pessoas estranhas as quais eles estão roubando e prejudicando, para as quais distribuem seus cigarros, maconha, cocaína entre outras coisas. Na vida deles, o amor Ágape não se faz presente, pois o desconhecem.

Além disso, é preciso frisar algo extremamente importante: o amor Ágape está baseado na razão e não na emoção, ao contrário do EROS. Queremos que os leitores entendam que o ÁGAPE é construído sobre a racionalidade e o EROS sobre as emoções, ou seja, no Eros impera o sentimentalismo, já no Ágape predomina sempre o bom senso.

Quando a bíblia está falando sobre amar, geralmente ela está falando do amor Ágape, pois é esse amor que faz a diferença e por isso ela procura ensinar e estimular a prática desse dom natural que nasce com o ser humano, porém muitas vezes este não é desenvolvido. Ressaltamos que a bíblia não está interessada no Eros e sim no Ágape que passaremos a estudar de forma mais detalhada daqui para frente. Observaram que o apóstolo Paulo, escritor da epístola de Coríntios, associou uma expressiva quantidade de qualidades a essa palavra? <u>Nosso objetivo daqui em diante é explicar minuciosamente o que significa na prática cada uma dessas qualidades, que foram atribuídas ao termo amor (caridade)</u>, explicaremos cuidadosamente, por exemplo, o que é e quando acontece o amor benigno, o que Paulo estava dizendo quando falava que o amor não trata com leviandade etc. Pois notamos que mesmos os frequentadores de igrejas, na sua maioria, não conhecem o verdadeiro propósito e significados do amor.

No capítulo anterior dessa carta, mais precisamente no capítulo 12, Paulo está falando e tratando com a igreja sobre dons espirituais como os de cura, dom de língua, dom de prestar ajuda, etc. No capítulo 13, ele continua sua explicação, enfatizando que o mais importante dos dons, sem dúvida nenhuma, é o da caridade (amor) que é o Ágape e, por essa razão, dedica um capítulo inteiro para falar somente desse dom.

De acordo com ele, o Espírito Santo concede a cada convertido/batizado(a)... um ou mais dons da forma que julgar mais apropriado, sempre com o objetivo de beneficiar o próximo. O dom do amor além de beneficiar o próximo é superior em razão de todos os benefícios que este traz, se comparado com os outros.

Logo, esse amor se diferencia da paixão no seguinte aspecto: quando a pessoa está amando alguém pelo amor Ágape ela busca atender aos interesses do próximo. Na paixão ocorre o contrário, quem ama está interessado(a) <u>em se satisfazer</u>.

Assim, começaremos explicando a primeira definição que Paulo atribuiu para o amor, dessa maneira vocês começarão a entender o que é esse amor Ágape? Vejamos:

O AMOR É SOFREDOR (PACIENTE)

Vocês conhecem a história de Jó?

Jó foi um homem rico, que teve muito animais e servos à sua disposição. Ele servia a Deus com grande dedicação. Um dia, satanás encontrando-se com Deus e sugeriu para que se tirasse tudo o que Jó possuía, incluindo seus filhos, pois, segundo o diabo, Jó servia a Deus por mero interesse e bastasse o Senhor retirar-lhe tudo, ele blasfemaria. Deus permitiu que Jó perdesse tudo, contudo, ainda não satisfeito, já que Jó não blasfemara, satanás procura a Deus novamente e sugere que se retire a saúde de Jó. Deus concede autorização, mas diz ao diabo para poupar-lhe a vida. Satanás fracassa novamente e, mais tarde, Deus restitui tudo em dobro para Jó.

A intenção do demônio, acima de tudo, era mostrar a Deus que Jó não o amava. Nós não sabemos quanto tempo demorou o sofrimento de Jó, até que Deus o restituísse, pode ter sido por semanas, meses e quem sabe anos, infelizmente não é possível determinar. Estudando os capítulos do livro bíblico que levou seu nome, logicamente que o mesmo questionou por várias vezes ao Senhor sobre o motivo de sua prova, já que ele não havia feito nada para merecer tal sofrimento. Mas, lendo toda a história, observa-se que ele não se revolta contra o Criador, apesar de ter passado uma situação muito terrível.

Vocês perceberam que, mesmo na dor, Jó demonstrou seu amor por Deus? Apesar de sua situação tenebrosa, Jó continuou fiel e com isso provou que realmente amava a Deus. Seu amor se mostrou <u>paciente e sofredor</u> até o dia que Senhor deu fim ao seu martírio. É lógico que teve momentos que ele questionou a posição de Deus, mas seu respeito a figura do altíssimo permaneceu.

Também é interessante observar, quando lemos essa narrativa, não é apontado em nenhum momento que Jó diz a Deus, por meio de palavras, que o ama; isso se deve muito em razão das circunstâncias já apresentadas. Entretanto, na prática, ficou evidente que Jó adorava e reverenciava profundamente a Deus, pois não ousou blasfemar diante da sua situação gravíssima, ou seja, a sua atitude e seu comportamento falaram mais do que suas palavras.

Esse é o amor sofredor mencionado pelo apóstolo Paulo, em que nossas ações pesam muito mais do que nossos dizeres. Há de se convir também que deveríamos ter dentro de nós esse sentimento não somente com relação a Deus, mas também quando se trata de pessoas; e quando aqui falo de pessoas, não é somente daquelas relacionadas ao nosso círculo social, mas são, por exemplo, os mendigos, as prostitutas, os presidiários, os viciados, etc, pois eles também são seu PRÓXIMO.

Não há um mandamento bíblico que sugere que devemos amar o próximo com a ti mesmo? Eu sei que a princípio parece difícil, e de fato ele é realmente um mandamento difícil de ser assimilado, pois como mencionado na epístola dos Coríntios, esse que é o amor sofredor! Naturalmente ele gera um desconforto e, dependendo das circunstâncias, um certo sofrimento, pois exige algum sacrifício e que a pessoa espere até que o Senhor traga suas providências. Mas se nós queremos chegar ao amor que Deus nos deixou, temos que exercitá-lo.

No caso de Jó, acreditamos que não deve ter sido fácil continuar nutrindo respeito pelo Senhor, mas ele assim o fez, provando que amava a Deus sobre todas as coisas, como dissemos, demonstrando não por meio de palavras, mas por suas ações.

Porém, como esse amor pode ser demonstrado, na prática, nos dias de hoje? É simples: procure não falar mal das pessoas, se estas procurarem sua ajuda e as condições lhe permitirem, ajude-as como puder e, se isso não for possível, tudo bem, mas trate-as bem, sem preconceitos, pois são seus semelhantes. <u>Se você discrimina o amor Ágape não estará em você.</u>

Você não precisa dizer a estas pessoas que você as ama, entretanto, deve demonstrar, mesmo que você esteja contrariando sua vontade, <u>pois o amor é essa renúncia de seus sentimentos em prol do outro.</u> Eu sei que, no seu íntimo, é mais provável que você queira ignorar, mas se esse for seu pensamento, contrariará o propósito de Deus. Queremos que o leitor(a) entenda que esse conceito de amor sofredor é o que Jó passou, que apesar de seu sofrimento, continuou fiel a Deus demonstrando que amava Jeová, esperando sua providência, ainda que este não o respondesse de imediato.

Abraão e o Sacrifício de Isaque

Havia um homem chamado Abraão, cuja história foi narrada no livro de Gênesis. Este recebe um chamado de Deus, quando estava com 75 anos, para sair de sua terra e se dirigir para o local que o Senhor determinara.

Deus faz promessas mediante esse ato, afirmando que a mulher de Abraão, Sara, que era estéril, apesar da idade avançada de 65 anos, teria um filho. Contudo, levou-se mais de 25 anos para que essa promessa se cumprisse. Deus só resolve dar um filho a esse casal quando Abraão atinge a idade de 100 anos. O nome da criança é Isaque.

Passados 13 anos, Abraão é submetido a uma nova avaliação. Deus pediu que sacrificasse a Isaque, agora adolescente, em forma de holocausto. Logo no dia seguinte a essa solicitação, Abraão leva Isaque ao lugar de sacrifício chamado Moriá. A intenção de Deus era verificar se Abraão realmente amava e temia ao Senhor. Jeová estava procurando provar se Abraão o amava verdadeiramente, ou seja, mais do que seu próprio filho. Quando Abraão estava prestes a sacrificar o jovem com uma faca, apareceu um anjo e disse para não sacrificá-lo, pois o Senhor já havia se convencido que Abraão não hesitaria em tirar a vida de Isaque por amor a Deus.

O que entender dessa história? Por mais que doesse em Abraão acabar com a vida de seu filho, que esperara tanto para ter, ele deveria o fazer, pois se ele realmente amava a Deus, lhe obedeceria. Agora se ele não amasse da forma que Deus gostaria de ser amado, ele simplesmente não o faria, ou seja, Abraão renegou a sua própria vontade para fazer a do seu Criador. <u>Isso é o amor sofredor</u>, que além de sofredor, foi também paciente visto que Abraão aguardará mais de 25 anos para que Deus desse-lhe um filho.

O AMOR É BENIGNO

Vamos comentar mais uma característica que Paulo atribuiu ao termo Amor. Vamos conhecer um pouco da história de José do Egito:

"Vendo os irmãos de José que seu pai havia morrido, disseram: 'E se José guardar rancor contra nós e resolver retribuir todo o mal que lhe causamos?'. Então mandaram um recado a José, dizendo: 'Antes de morrer, teu pai nos ordenou que te disséssemos o seguinte: Peço-lhe que perdoe os erros e pecados de seus irmãos que o trataram com tanta maldade! Agora, pois, perdoa os pecados dos servos do Deus do teu pai'. Quando recebeu o recado, José chorou. Depois vieram seus irmãos, prostraram-se diante dele e disseram: 'Aqui estamos. Somos teus escravos!' José, porém, lhes disse: 'Não tenham medo. Estaria eu no lugar de Deus? Vocês planejaram o mal contra mim, mas Deus o tornou em bem, para que hoje fosse preservada a vida de muitos. Por isso, não tenham medo. Eu sustentarei vocês e seus filhos'. E assim os tranquilizou <u>e lhes falou amavelmente</u>". Gênesis 50:15-21

José era um dos doze filhos de Jacó; seu pai foi um homem próspero que servia a Deus com zelo. Seus irmãos tinham ciúmes e inveja dele, porque Jacó lhe dava mais preferência e geralmente pedia para que este supervisionasse seus irmãos, ainda que fosse mais novo. Em um determinado dia resolveram aprisioná-lo em um poço, sem que seu pai tivesse conhecimento. Posteriormente o venderam para mercadores ismaelitas que estavam de passagem por ali e o levaram para o Egito. Por fim, falaram para seu pai que José havia morrido.

No Egito, José foi escravo e, depois de algum tempo, de forma injusta, acabou sendo preso, ficando por vários anos nessa situação. Depois de um certo período, Faraó rei do Egito teve um sonho muito misterioso e nenhum dos seus súditos soube interpretá-lo; no entanto, José o soube, informando que a terra passaria por sete anos de bonança e, em seguida, por sete anos de fome severa. Por essa razão, Faraó o coloca na posição de Primeiro-ministro. José se saiu muito bem nesse cargo, tanto que nesses setes anos de fome, o Egito prosperava.

Os irmãos de José, que foram atingidos pela fome, sabendo que o Egito estava prosperando, vão até esse país em busca de alimentos. José, como Primeiro-ministro, os recebe muito bem. A princípio eles não reconheceram José, pois haviam se passados vários anos. Mas não demora muito, José conta quem ele realmente é. Mais tarde, ele chama seu pai e toda sua família para viver no Egito. Quando Jacó, seu pai, morre, os irmãos imaginam que José procuraria se vingar por ter sido vendido como escravo.

Mas, como os leitores viram nas passagens do livro de Gênesis, José perdoa seus irmãos e reconhece que Deus permitiu que esse mal lhe sobreviesse a fim de conceder livramento para todos os de sua família e ajudar muitos outros povos que tiveram que depender do Egito para sobreviver.

Vejam que o amor benigno visa promover a bondade e a fraternidade, jamais a discórdia ou revanchismo. Foi isso que José procurou mostrar, ou seja, ofereceu a paz e sua amizade em vez de conflito. Acreditamos que, se todo o ser humano tivesse essa mentalidade, colocando em prática o amor Ágape, jamais haveriam guerras, jamais haveriam homicídios, entre tantos outros males.

O AMOR NÃO É INVEJOSO

Vejamos a história de Jônatas filho de Saul

No velho testamento, houve um período que a nação de Israel foi governada por um rei chamado Saul. Entretanto, Saul tomava atitudes que desagradaram profundamente a Deus e, por essa razão, por meio do Profeta Samuel, o Senhor resolveu escolher outro rei. O novo rei seria um jovem chamado Davi, que começou sua jornada em direção ao trono derrubando o gigante Golias, que aparentava ser invencível.

Posteriormente, vendo que Davi era uma pessoa bastante estimada pelo povo, Saul o convida a morar em sua casa. Porém, por várias vezes, ele sentia inveja e armava ciladas para Davi. Saul não queria perder sua posição real, porém, em todas as tentativas, ele fracassa, porque o Senhor era com Davi.

Em um desses esforços para destruir Davi, aparece a figura de Jônatas, filho de Saul, que procura ajudar Davi ao máximo, mesmo sabendo que seu pai queria matá-lo. Segundo a bíblia, Jônatas admirava muito a Davi e, o que é mais interessante nessa história, Jônatas sabia que, após a morte de seu pai, ele poderia ser o próximo rei e, caso não o fosse, seria seu irmão de sangue Esbaal.

Contudo, se Davi permanecesse vivo, caso tivesse a intenção de ser rei, seu projeto não se concretizaria.

Analisando essa narrativa, percebe-se que Jônatas, na verdade, não tinha o menor interesse em ser rei, pois ele sabia que Davi era o escolhido de Deus e, por essa razão, inteligentemente não se opôs, ao contrário de seu pai, que por várias vezes perseguiu Davi implacavelmente.

Jônatas apoiou Davi, porque gostava dele como um irmão e esse sentimento se mostrou tão intenso e sincero que ele até chegou a salvar sua vida contrariando a posição de seu pai. Observem:

"Então Davi fugiu de Naiote, em Ramá, foi falar com Jônatas e perguntou: 'O que foi que eu fiz? Qual é o meu crime? Qual foi o pecado que cometi contra seu pai para que ele queira tirar minha vida?'" 1 Samuel 20:1

"E ele disse a Davi: Vá em paz, pois temos jurado um ao outro, em nome do Senhor, dizendo: 'O Senhor para sempre é testemunha entre nós e entre os nossos descendentes". 1 Samuel 20:42

Mais tarde, antes que Davi fosse ungido Rei de Israel, Jônatas e seu pai são mortos em uma batalha contra os filisteus e Davi, lamentando muito esse fato, escreve os seguintes dizeres.

"Como estou triste por você, Jônatas, meu irmão! Como eu lhe queria bem! Sua amizade me era mais preciosa que o amor das mulheres" 2 Samuel 1:26

Vejam que as pessoas que tem amor devem agir como Jônatas, ou seja, ajudar o próximo em vez de prejudicá-lo, não usurpar o lugar do outro e sobretudo respeitar a vontade de Deus.

Portanto, a caridade como neste caso que acabamos de apresentar, não foi invejosa. Vocês observaram que, mesmo Davi sendo teoricamente um rival de Jônatas, não houve um único momento em que o filho de Saul não o tratasse bem..., cumprindo àquele antigo mandamento: "Amarás o teu próximo como a ti mesmo".

Talvez Jônatas nunca tivesse dito por palavras que amava a Davi, mas por seus atos mostrou na sua relação de amizade que o amava conforme o propósito que Deus estabeleceu.

O AMOR NÃO TRATA COM LEVIANDADE (AMOR NÃO SE VANGLORIA)

A Vanglória de Herodes

"E num dia designado, vestindo Herodes as vestes reais, estava assentado no tribunal e lhes fez uma prática. E o povo exclamava: Voz de Deus, e não de homem. E no mesmo instante feriu-o o anjo do Senhor, porque não deu glória a Deus e, comido de bichos, expirou". Atos 12:21-23

Herodes foi um rei que viveu na época dos apóstolos que cometeu o sério erro de atribuir a ele um mérito que não cabia a sua pessoa. O Senhor operou uma grande maravilha, mas ele não reconheceu que essa coisa grandiosa proveio do altíssimo. Muito pelo contrário, em vez disso, resolveu atribuir esse acontecimento a si mesmo e a morte acabou sendo o prêmio de seu equívoco.

O Anjo do Apocalipse

"E eu, João, sou aquele que vi e ouvi estas coisas. E, havendo-as ouvido e visto, prostrei-me aos pés do anjo que mas mostrava para o adorar. E disse-me: Olha, não faças tal; porque eu sou conservo teu e de teus irmãos, os profetas, e dos que guardam as palavras deste livro. Adora a Deus". Apocalipse 22:8,9

Vejam que ao contrário de Herodes, esse anjo reconhece suas limitações e sabe que a capacidade e o poder provem de Deus, logo tudo que ele faz não é algo devido ao seu poder, mas em razão de Deus agir por meio dele. Ele se equiparou a João, que era só um apóstolo o qual Deus havia decidido apresentar as revelações do apocalipse (último livro da bíblia). Esse anjo, caso estivesse interessado em sua autossatisfação e vanglória, permitiria que João o reverenciasse, mas como ele tinha amor a Deus, ignorou essa possibilidade e instruiu João a adorar quem realmente era digno e merecedor de tal adoração.

Então, vejam que nesse caso o amor, além de não se vangloriar, sobretudo é humilde, reconhece seus limites e demonstra consideração e respeito.

O AMOR NÃO SE ENSOBERBECE

O Rei Nabucodonosor e Belsazar

Observem o trecho bíblico abaixo:

"Ó rei! Deus, o Altíssimo, deu a Nabucodonosor, teu pai, o reino, e a grandeza, e a glória, e a majestade. E por causa da grandeza, que lhe deu, todos os povos, nações e línguas tremiam e temiam diante dele; a quem queri matava, e a quem queria conservava em vida; e a quem queria engrandecia, e a quem queria abatia. Mas quando o seu coração se exaltou, e o seu espírito se endureceu em soberba, foi derrubado do seu trono real, e passou dele a sua glória. E foi tirado dentre os filhos dos homens, e o seu coração foi feito

semelhante ao dos animais, e a sua morada foi com os jumentos monteses; fizeram-no comer a erva como os bois, e do orvalho do céu foi molhado o seu corpo, até que conheceu que Deus, o Altíssimo, tem domínio sobre o reino dos homens, e a quem quer constitui sobre ele. E tu, Belsazar, que és seu filho, não humilhaste o teu coração, ainda que soubeste tudo isto. E te levantaste contra o Senhor do céu, pois foram trazidos à tua presença os vasos da casa dele, e tu, os teus senhores, as tuas mulheres e as tuas concubinas, bebestes vinho neles; além disso, destes louvores aos deuses de prata, de ouro, de bronze, de ferro, de madeira e de pedra, que não veem, não ouvem, nem sabem; mas a Deus, em cuja mão está a tua vida, e de quem são todos os teus caminhos, a ele não glorificaste".
Daniel. 5:18-23

O que podemos comentar da história desses dois personagens? O primeiro que foi Nabucodonosor, que se exaltou tanto a ponto de Deus o colocar junto da companhia dos jumentos da montanha; porém ele se arrependeu e reconheceu seu erro, por isso Deus lhe devolve sua posição real.

Já o segundo, Belsazar, não teve tanta sorte assim. Ele se ensoberbece tanto que, algumas horas após Deus o informar, por meio do Profeta Daniel, que ele perderia sua posição para Dario (rei dos medos e persas), ele acaba sendo assassinado. Quer dizer, o pecado da soberba foi tão grave que talvez ele não tenha tido nem tempo para se arrepender, ao contrário de seu pai Nabucodonosor.

"Naquela noite foi morto Belsazar, rei dos caldeus".
Daniel 5:30

Então resumidamente o amor Ágape não se engrandece, não se acha superior a ninguém, muito menos a Deus, que está nos céus. Ou seja, o amor Ágape respeita os indivíduos, não os diminui por serem diferentes, trata todos de forma igualitária, principalmente quando se refere a raça, credo religioso, convicção política e condição social.

Logo, não é porque, eventualmente, você se encontra em uma posição mais privilegiada, que fica lhe permitido esnobar, fazer pouco caso dos outros, e ignorar, simplesmente fingir que a mesma não existe. Lembre-se que se Deus quiser tirar o que você tem, ele tira sem maiores problemas, assim como ele fez com Nabucodonor e Belsazar.

Não cometa o erro de se achar melhor do que os outros, de achar que sabe mais do que alguém ou que faz mais coisas do que outros, ou simplesmente pelo fato de você ter uma condição melhor do que os demais, nada disso é motivo para engrandecimento.

Veja que Belsazar pensava ser melhor do que os demais pelo fato de ser um rei bastante vitorioso, porém acabou VEXATIVAMENTE sendo morto bem no dia em recebeu essa profecia, <u>pois para Deus, Belsazar era só mais um homem que não andava de acordo com seus mandamentos.</u> Como na situação da vangloria, aprenda a ter humildade e principalmente valorize seus semelhantes. Não despreze ninguém seja quem for.

A Vingança de Jezabel

"Então Acabe falou a Nabote, dizendo: Dá-me a tua vinha, para que me sirva de horta, pois está vizinha ao lado da minha casa; e te darei por ela outra vinha melhor: ou, se for do teu agrado, dar-te-ei o seu valor em dinheiro. Porém Nabote disse a Acabe: Guarde-me o Senhor de que eu te dê a herança de meus pais. Então Acabe veio desgostoso e indignado à sua casa, por causa da palavra que

Nabote, o jizreelita, lhe falara, quando disse: Não te darei a herança de meus pais. E deitou-se na sua cama, e voltou o rosto, e não comeu pão. Porém, vindo a ele Jezabel, sua mulher, lhe disse: Que há, que está tão desgostoso o teu espírito, e não comes pão? E ele lhe disse: Porque falei a Nabote, o jizreelita, e lhe disse: Dá-me a tua vinha por dinheiro; ou, se te apraz, te darei outra vinha em seu lugar. Porém ele disse: Não te darei a minha vinha. Então Jezabel, sua mulher lhe disse: Governas tu agora no reino de Israel? Levanta-te, come pão, e alegre-se o teu coração; eu te darei a vinha de Nabote, o jizreelita". 1 Reis 21:2-7

Jezabel, como Rainha se achava no direito de tomar a vinha de Nabote, a qualquer preço. Posteriormente, se continuarmos lendo toda história, veríamos que ela elaborou um plano maligno para chegar nesse objetivo. Resumidamente, Jezabel armou uma cilada para Nabote e este acabou apedrejado, falecendo em circunstância disso.

Jezabel se engrandeceu pelo fato de ser rainha e passou por cima de quem se interpôs aos seus interesses. Logo, Nabote acabou sendo a vítima de seu rancor diabólico, pelo puro sentimento de soberba e vingança. Mas, a rainha acabou tendo um trágico fim, sendo atirada do alto da janela de seu palácio e teve seu corpo despedaçado por uma carruagem, ou seja, Deus viu o que ela havia feito e lhe deu o castigo que merecia.

Moral da história...: não é porque você tem um certo "status," que você pode passar por cima dos outros, pois talvez para Deus você não passe de um qualquer. Logo respeito seu próximo seja lá quem for.

O Exemplo Maravilhoso de Jesus

Analisemos um trecho bíblico:

"Nada façais por contenda ou por vanglória, mas por humildade; cada um considere os outros superiores a si mesmo. Não atente cada um para o que é propriamente seu, mas cada qual também para o que é dos outros. De sorte que haja em vós o mesmo sentimento que houve também em Cristo Jesus, Que, sendo em forma de Deus, não teve por usurpação ser igual a Deus,
Mas esvaziou-se a si mesmo, tomando a forma de servo, fazendo-se semelhante aos homens; Filipenses 2:3-7

"Depois que lhes lavou os pés, e tomou as suas vestes, e se assentou outra vez à mesa, disse-lhes: Entendeis o que vos tenho feito?
Vós me chamais Mestre e Senhor, e dizeis bem, porque eu o sou. Ora, se eu, Senhor e Mestre, vos lavei os pés, vós deveis também lavar os pés uns aos outros. Porque eu vos dei o exemplo, para que, como eu vos fiz, façais vós também. Na verdade, na verdade vos digo que não é o servo maior do que o seu senhor, nem o enviado maior do que aquele que o enviou. Se sabeis estas coisas, bem-aventurados sois se as fizerdes". João 13:12-17

Na passagem acima, Jesus colocou-se como igual aos seus discípulos, mesmo sabendo que era Deus e que tinha mais conhecimento e poder do que todos eles. Ao lavar os pés de seus apóstolos, Jesus está dizendo: eu vim para servir e não para ser servido. Assim, se Jesus está dizendo, façam a mesma coisa.

Jesus não esteve na terra para fazer a vontade dele, mas a vontade de seu Pai. Ele como filho de Deus, poderia dizer o seguinte: - O quê? Eu, filho do Deus Altíssimo, o Rei dos Reis e Senhor dos Senhores vim para cá lavar os pés de homens que são meus subalternos? Ou então poderia formar o seguinte raciocínio: - Onde já se viu um Capitão (Jesus) servir a um Soldado (discípulo)?

Nós temos a certeza que se fosse qualquer outro ser humano que estivesse na posição de Jesus, certamente não faria o que se propôs a fazer, pois estando em uma situação semelhante, homem, mulher e mesmo crianças, deixariam correr dentro de nós um sentimento de superioridade, de achar que é mais capaz ou melhor do que os outros, portanto isso dificilmente aconteceria, exceto se tivéssemos o amor Ágape.

Resumidamente, a mensagem de Jesus é essa: sirvamos! Não almeje ser servido, se você não servir. Então, se você realmente tem esse amor que a bíblia propõe não irá se ensoberbecer, ao contrário você servirá, ou seja, você estará pronto para atender as expectativas dos outros e não a sua.

O AMOR NÃO BUSCA SEUS INTERESSES

O Carinho e a dedicação da Viúva de Sarepta.

"Algum tempo depois, o riacho secou-se por falta de chuva. Então a palavra do Senhor veio a Elias: 'Vá imediatamente para a cidade de Sarepta de Sidom e fique por lá. Ordenei a uma viúva daquele lugar que lhe forneça comida'. E ele foi. Quando chegou à porta da cidade, encontrou uma viúva que estava colhendo gravetos. Ele a chamou e perguntou: 'Pode me trazer um pouco d'água numa jarra para eu beber?', 'Juro pelo nome do Senhor, o teu Deus', ela respondeu, 'não tenho nenhum pedaço de pão; só um punhado de farinha num jarro e um pouco de azeite numa botija. Estou colhendo uns dois gravetos para levar para casa e preparar uma refeição para mim e para o meu filho, para que a comamos e depois morramos'. Elias, porém, lhe disse: 'Não tenha medo. Vá para casa e faça o que disse. Mas, primeiro faça um pequeno bolo com o que você tem e traga para mim, e depois faça algo para você e para o seu filho'". 1 Reis 17:7-13

No texto acima, vocês viram como essa viúva estava passando necessidade em razão da seca que havia naquela região. O Profeta Elias pede para que a mesma lhe traga água e pão, pois este também encontrava-se em uma situação desfavorável. Logicamente que sua preocupação era menor porque, ao contrário da mulher, ele não tinha filho(a)..., quer dizer, o contexto dela era mais grave.

Acredito que muitos(as), no lugar dela, poderiam pensar da seguinte maneira: esse sujeito quer tirar proveito de mim e meu filho, pois estamos sozinhos e não tem ninguém para nos defender. Porém, se analisado todo o capítulo 17, veremos que ela tomou uma atitude corajosa, pois ela concedeu o que Elias havia pedido. Esta ainda teve fé para acreditar que não faltaria alimento em sua casa.

Mas, acima de sua fé e de sua coragem, o que a viúva de Sarepta teve foi caridade, ou seja, ela, ao atender Elias, não buscou seus interesses, ela buscou o interesse do próximo. E, na minha opinião, apesar de as escrituras omitirem essa informação, ela não sabia que Elias era um profeta, mas simplesmente o atendeu porque este era uma pessoa que estava precisando de sua ajuda.

Então, veja que ela deixou seus interesses de lado para atender o interesse alheio, isso que é a caridade, este que é o verdadeiro amor de Deus. Posteriormente Deus supri a necessidade dela, pois ela acreditava que isso aconteceria.

Eu friso aos os leitores e espero que entendam que no amor Ágape, ao contrário do Eros, a prioridade é sempre de atender os anseios e o interesse do próximo. Os meus e os seus sentimentos nunca irão se sobrepor.

O AMOR NÃO SE IRRITA

(A Prisão de Jesus)

"E logo, aproximando-se de Jesus, disse: 'Eu te saúdo, Rabi'; e beijou-o. Jesus, porém, lhe disse: 'Amigo, a que vieste?' Então, aproximando-se eles, lançaram mão de Jesus, e o prenderam. E eis que um dos que estavam com Jesus, estendendo a mão, puxou da espada e, ferindo o servo do sumo sacerdote, cortou-lhe uma orelha. Então Jesus disse-lhe: 'Embainha a tua espada; porque todos os que lançarem mão da espada, à espada morrerão. Ou pensas tu que eu não poderia agora orar a meu Pai, e que ele não me daria mais de doze legiões de anjos? Como, pois, se cumpririam as Escrituras, que dizem que assim convém que aconteça?'". Mateus 26:49-54

O episódio acima trata da prisão de Jesus, observe que ele não reage, não reclama, não xinga, não agride ninguém, não arma um alvoroço. Jesus não se irritou com aquela situação, simplesmente se entregou, ao contrário de um dos seus discípulos que claramente se irritou, cortando a orelha do servo do sumo sacerdote. Quer dizer, ele andava com Jesus, mas não sabia o que era amar o próximo, ele não entendia nada do amor Ágape, porque se entendesse não faria o que fez. Mas, eu acredito que, com a repreensão de Jesus, ele deva a partir dali ter compreendido. Logo, se desvencilhe desse sentimento pernicioso da irritação, porque boa coisa ela não irá lhe trazer.

Por exemplo, no trânsito, eu vejo que muitos motoristas se irritam uns com outros, porque fizeram alguma manobra errada, e disparam suas buzinadas e seus xingamentos, até já ouvi falar de gente assassinada em brigas de trânsito. Quer dizer, a irritação demonstra que o indivíduo carece de amor, ou seja, ele deixa suas emoções superarem a razão.

Nos estádios de futebol parece que em vez do Português, o idioma oficial é o palavrão, pois essa linguagem tornou-se predominante, pois é impressionante a quantidade de palavrões que são proferidas durante um jogo.

Nas redes sociais ocorre a mesma situação, especialmente quando o assunto é política. Por exemplo, existe o partido vermelho: um internauta resolve fazer um elogio a um membro do partido vermelho, aquele que não é simpatizante do partido, insulta e joga pedras sobre àquele internauta que ele mal conhece. A pessoa fica facilmente irritada só porque o outro tem uma opinião diferente, ou seja, ela não consegue manter um diálogo de forma saudável. Ela perdeu a noção de bom senso e respeito.

E, de forma geral, a maioria das pessoas se irrita com frequência com os políticos e por essa razão se veem no direito de amaldiçoá-los, sendo que a orientação bíblica é que se ore por eles. Se você não pode falar bem, então não fale mal. Se a política lhe irrita, então se afaste, mas nada de praguejar contra partido A ou B ou autoridade de Ciclano ou Fulano.

Observem alguns comentários retirados da internet, feitos ao Ministro Lewandowski do Supremo Tribunal Federal em uma determinada situação:

"O sonho de consumo desse crápula, é ver o 'honesto' solto, para que ele dessa forma, possa agradecer a indicação para um cargo vitalício no STF". Larissa Pereira (internauta) 17 dez 2018

"É um estúpido como todos que estiveram no cargo até hoje... tá caducando e falando abobrinha, nada com nada. Esse verme tem que ir para um abrigo e jogar a chave fora ... todos canalhas se parecem e se defendem um ao outro, para esses tipinhos, o errado é o certo, cambada imunda de acéfalos". Sérgio (internauta) 17 dez 2018

Os comentários que serão citados mais abaixo foram registrados no jornal Antagonista, em fevereiro de 2019, sobre algumas colocações feitas pela ex-Presidente Dilma sobre a reforma da Previdência, onde ela manifestava ser contra em vários pontos. Vejam como os internautas a atacam.

Junio disse:

20 de Fevereiro de 2019 às 20:13

"Afronto foi essa jumenta ser presidenta duas vezes. Bandida descarada. Sua cela na papuda está sendo preparada, pintada de rosa pra lhe receber. Anta velha".

Nevio disse:

20 de Fevereiro de 2019 às 21:03

"Afronta aos brasileiros é uma anta dessas ter sido presidente do Brasil. Deveria estar presa junto com o Molusco, pela desgraça que fez ao Brasil. Cala a boca e recolha-se à sua insignificância".

Cipri disse:

21 de Fevereiro de 2019 às 00:21

"Dilma, vai caçar uma rola, vai!"

Ainda que a ex-presidenta não tivesse uma boa atuação em seu governo, pois houve um aumento significativo de desemprego, inflação, casos de corrupção, os ataques que ela recebe são injustificáveis. Não é porque uma pessoa não me agrada, seja ela quem for, que ela deva passar a ser alvo dos mais variados insultos, ainda que esteja em um cenário político.

E o que eu acho mais chato desse episódio é que, em vez dos proprietários do Jornal censurarem esses comentários que denigrem a reputação de pessoa, eles foram complacentes com esse tipo de ataque, cujo propósito é promover e propagar o ódio, nada mais do que isso.

Percebam que os internautas estão cometendo o mesmo erro que Pedro ao cortar a orelha do sumo sacerdote, ou seja, estão se irritando à toa e disseminando sua raiva na primeira oportunidade.

Jesus, no momento em que foi preso, diz a Pedro que se ele quisesse viriam doze legiões de anjos para socorrê-lo, logo a demonstração de bravura desse apóstolo ficou na história como uma ação ridícula e sem sentido, pois neste ato ele provou ser só um tolo, ainda que tivesse das melhores intenções.

Da mesma forma, xingamentos não levam ninguém a nada, pois além de denotarem fraqueza, mostram que as pessoas que tomam esse tipo de atitude são sem educação, sem noção e, por fim, não amam seu próximo, pois se amassem jamais falariam esse tipo de coisa tão grosseira, que não edifica ninguém, muito pelo contrário, só repercuti o negativo.

Eu não estou aqui dizendo que figuras notórias como o Ministro Lewandowski, a ex-presidenta Dilma, o senhor Michel Temer ou o ilustre Jair Bolsonaro não são passíveis de críticas; todos nós somos, inclusive eu que escrevo esse livro, mas tudo tem um limite, e os internautas dos exemplos extrapolaram tudo que é de bom senso ao fazer tamanha grosseria.

Observando esses exemplos, identificamos que as pessoas que fazem esse tipo de injúria, além de não conhecerem a legislação do nosso país, pois o que elas fazem é crime, fica nítido a ausência do amor em suas vidas, independentemente do que o Ministro ou ex-presidenta tenham falado ou feito de certo ou errado, a grosseria é totalmente injustificada, pois o desrespeito aos seus semelhantes é evidente, logo vem a pergunta: onde está o amor ao próximo?

Peço por gentileza que meditem no versículo abaixo, pois é muito apropriado a essa situação:

"Não saia da vossa boca nenhuma palavra que cause destruição, mas somente a que seja útil para a edificação, de acordo com a necessidade, a fim de que comunique graça aos que a ouvem". Efésios 4:29

Então, Jesus disse uma certa vez, quem comigo não ajunta, espalha; ou você anda conforme o que Deus orienta ou não anda e para não andar é algo bem fácil é só fazer o que esses internautas fazem.

"Toda pessoa que não está comigo, contra mim está, e aquele que comigo não ajunta, espalha". Lucas 11:23

O AMOR NÃO SE PORTA COM INDECÊNCIA

(AMOR NÃO AGE INCONVENIENTEMENTE)

Antes de começarmos esse subtópico achamos importante comentar que há versões bíblicas que usam o termo "indecência" e outras que utilizam "inconvenientemente", contudo para o nosso estudo são praticamente a mesma coisa.

Registramos que indecência aqui não foi empregado pelo apóstolo Paulo no sentido de algo obsceno ou sensual, conotação que costuma ter para nós nos dias atuais; para quem viveu nos séculos passados, existia um outro significado.

Na realidade "indecência" e "inconvenientemente" são termos bastante próximos, mas talvez para o leitor que não conheça muito bem o assunto, pode parecer que há diferença entre uma coisa ou outra, mas não é bem assim: de acordo com a teologia, essas expressões têm praticamente o mesmo significado; então, dependendo de sua bíblia, neste trecho o texto virá com indecência ou inconvenientemente, porém ressaltamos que o sentido será o mesmo.

A palavra indecente nesse contexto quer dizer agir de forma não conveniente, ou seja, de forma <u>desagradável</u>. Seu significado antigo pode não estar muito distante do que se entende atualmente, depende da interpretação de cada um, mas que nem por isso deixou-se de apontar a falha no comportamento de determinadas pessoas que viveram cotidianos passados.

Acredito que os leitores terão uma visão melhor do que estamos falando se trazermos alguma história sobre o assunto. Vejamos:

O Desprezo de Hagar

"Ora, Sarai, mulher de Abrão, não lhe dera nenhum filho. Como tinha uma serva egípcia, chamada Hagar, disse a Abrão: 'Já que o Senhor me impediu de ter filhos, possua a minha serva; talvez eu possa formar família por meio dela'. Abrão atendeu à proposta de Sarai. Quando isso aconteceu já fazia dez anos que Abrão, seu marido, vivia em Canaã. Foi nessa ocasião que Sarai, sua mulher, entregou sua serva egípcia Hagar a Abrão. Ele possuiu Hagar, e ela engravidou. Quando se viu grávida, começou a olhar com desprezo para a sua senhora. Então Sarai disse a Abrão: 'Caia sobre você a afronta que venho sofrendo. Coloquei minha serva em seus braços, e agora que ela sabe que engravidou, despreza-me. Que o Senhor seja o juiz entre mim e você'". <u>Gênesis 16:1-5</u>

É importante explicarmos um ponto: na época do velho testamento, o homem podia ter várias mulheres, desde que tivesse condições de mantê-las. Hagar era serva de Abraão. A esposa de Abraão, Sarai, não podia ter filhos e, um dia, esta sugere que tivesse um caso com Hagar. Esta, mais tarde, acabou engravidando.

Depois que soube que estava grávida e depois que teve seu filho, Hagar fez pouco-caso de Sarai. O comportamento de Hagar foi totalmente reprovável, ela deveria ter se colocado no lugar de sua senhora e ter procurado confortá-la, visto que Sarai era estéril, pois certamente está deveria estar sentida com àquela situação e, no pior dos casos, poderia ter ficado quieta. Mas, fez o contrário, resolveu desprezá-la. A atitude que ela tomou foi bastante desagradável e inoportuna para a ocasião tanto que, mais tarde, Sarai pede que Abraão a mande embora.

Se Hagar amasse Sarai, nunca agiria daquela forma desrespeitosa e inconveniente, pois onde já se viu uma serva desprezar sua senhora que por sinal já era idosa? Quer dizer, em vez de consolar Sarai, Hagar a desprezou, vindo só a piorar às coisas e levar Sarai há um possível estado de depressão.

Moral da história: se você não pode ajudar, não atrapalhe; se você não pode falar bem, que assim seja, mas não fale mal – não haja inconvenientemente, não seja uma pessoa desagradável. Não despreze as pessoas pelos problemas que estão passando e que não estão conseguindo resolver, se não pode consolá-las falando alguma coisa proveitosa, tudo bem, mas não as irrite.

Vamos analisar mais um caso.

Penina e seu caráter sombrio

"Havia certo homem de Ramatita, zufita, dos montes de Efraim, chamado Elcana, filho de Jeroão, neto de Eliú e bisneto de Toú, filho do efraimita Zufe. Ele tinha duas mulheres; uma se chamava Ana, e a outra Penina. Penina tinha filhos, Ana, porém, não tinha. Todos os anos esse homem subia de sua cidade a Siló para adorar e sacrificar ao Senhor dos Exércitos. Lá, Hofni e Finéias, os dois filhos de Eli, eram sacerdotes do Senhor. No dia em que Elcana oferecia sacrifícios, dava porções à sua mulher Penina e a todos os filhos e filhas dela. Mas a Ana dava uma porção dupla, porque a amava, mesmo que o Senhor a houvesse deixado estéril. E porque o Senhor a tinha deixado estéril, sua rival a provocava continuamente, a fim de irritá-la. Isso acontecia ano após ano. Sempre que Ana subia à casa do Senhor, sua rival a provocava e ela chorava e não comia". 1 Samuel 1:1-7

Observem o exemplo de Penina: vocês acham que ela amava Ana? Suas atitudes falavam mais que suas intenções. Quer dizer, ela não se colocava no lugar de Ana, ignorava totalmente a dor de sua "colega", ou seja, além dela não ajudar, procurava prejudicar Ana, com suas provocações.

Penina deixou seu ciúme por seu marido se sobrepor a razão, pois ela tinha a obrigação de amparar sua colega, que passava por uma prova bem grande. Se esta soubesse o que era amar, poderia dizer para Ana: olhe, Deus pode não ter lhe dado um filho até agora, mas tudo tem um tempo, um dia isso acontecerá. Ou então, o seguinte:

talvez Deus não dê-lhe um filho, mas nosso esposo ainda lhe ama bastante, tanto é que quando nós vamos a cidade de Siló, Elcana (marido) lhe dá porção dobrada. Ou então: olhe, eu tenho vários filhos e filhas, crie um deles como se fosse seu. Na pior das hipóteses, que ficasse quieta no seu canto e orasse por ela, isso já seria uma demonstração de afeto.

Porém, ao provocá-la, demonstrou sua total indiferença e falta de amor, mas Deus foi tão misericordioso que algum tempo depois concedeu, de forma gradativa, oito filhos a Ana. Salientando, se você não pode ajudar em alguma coisa, tudo bem, mas, por favor, não prejudique quem quer que seja.

O AMOR NÃO GUARDA RANCOR (NÃO SUSPEITA MAL)

O Apedrejamento de Estevão

"E disse: Eis que vejo os céus abertos, e o Filho do homem, que está em pé à mão direita de Deus. Mas eles gritaram com grande voz, taparam os seus ouvidos, e arremeteram unânimes contra ele. E, expulsando-o da cidade, o apedrejavam. E as testemunhas deixaram as suas capas aos pés de um jovem chamado Saulo. E apedrejaram a Estêvão que em invocação dizia: Senhor Jesus, recebe o meu espírito. E, pondo-se de joelhos, clamou com grande voz: Senhor, não os considere culpados deste pecado. E, tendo dito isto, adormeceu". Atos 7:56-60

Explicando a história acima, Estevão foi um discípulo que foi tremendamente usado pelo Espírito Santo em prol do evangelho, realizando grandes maravilhas. Um certo dia foi preso pelos judeus, pois aos olhos destes, ele não agia conforme a lei deixada pelo profeta Moisés, que era referência para este povo.

Os judeus levaram Estevão para o sinédrio (corte de justiça judaica) e arrumaram algumas falsas testemunhas que o caluniaram. Com isso, posteriormente, os líderes desse sinédrio o condenaram a morte.

Quero que percebam que, apesar de saber da injustiça que estava passando ao receber tais infâmias, Estevão não desejou o mal de seus inimigos, muito pelo contrário, alguns momentos antes de sua morte, pediu a Deus que não levasse em consideração os pecados de seus assassinos, pois Estevão tinha a convicção que eles não sabiam o que estavam fazendo.

Observem que, ao pedir que Deus não considerasse os pecados de seus algozes, Estevão estava usando a razão em vez da emoção, pois, vejam bem, se o Senhor resolvesse fazer justiça, esses homens que o apedrejaram, estariam perdidos para sempre. Estevão estava ciente que espiritualmente esses homens estavam mortos, ou seja, desprovidos da salvação, por isso pede a Deus que os poupe, para que futuramente pudessem, quem sabe, receber a salvação.

E acredito que tenha sido ouvido, pois o apóstolo Paulo, também conhecido como Saulo, que estava naquela oportunidade presente e consentido o apedrejamento de Estevão, algum tempo depois, acabou se convertendo. Então, salientamos que se Deus fosse fazer justiça por causa de Estevão, é provável que Paulo não teria se convertido, pois ele participava dessa execução. Nos acompanhe no trecho em que Paulo ajuda seus colegas a matarem Estevão.

"<u>E também Saulo consentiu na morte dele</u>. E fez-se naquele dia uma grande perseguição contra a igreja que estava em Jerusalém; e todos foram dispersos pelas terras da Judeia e de Samaria, exceto os apóstolos. E uns homens piedosos foram enterrar Estêvão, e fizeram sobre ele grande pranto. E Saulo assolava a igreja, entrando pelas casas; e, arrastando homens e mulheres, os encerrava na prisão". <u>Atos 8:1-3</u>

"E quando o sangue de Estêvão, tua testemunha, se derramava, também eu estava presente, e consentia na sua morte, e guardava as capas dos que o matavam" <u>Atos 22:20.</u>

Isso que é o amor: desejar o bem do seu semelhante, ainda que estes estejam lhe desejando ou fazendo algum mal. Estevão demonstrou que o amor não guarda mágoa, não guarda rancor. É uma tarefa que pode, a princípio, ser difícil de se realizar, não nego que o seja, mas se você não iniciar, como o amor Ágape poderá se desenvolver em sua vida? Não tem como, uma hora você precisa começar.

Davi e Saul

"Davi e Abisai entraram à noite no acampamento. Saul estava deitado, dormindo com sua lança fincada no chão, perto da cabeça. Abner e os soldados estavam deitados à sua volta. Abisai disse a Davi: 'Hoje Deus entregou o seu inimigo nas suas mãos. Deixe-me, agora, cravar a lança nele até o chão com um só golpe; não precisarei de outro'. Davi, contudo, disse a Abisai: 'Não o mate! Quem pode levantar a mão contra o ungido do Senhor e permanecer inocente? Juro pelo nome do Senhor', disse ele, 'o Senhor mesmo o matará; ou chegará a sua hora e ele morrerá, ou ele irá para a batalha e perecerá. O Senhor me livre de levantar a mão contra seu ungido. Agora, vamos pegar a lança e o jarro com água que estão perto da cabeça dele, e vamos embora'". 1 Samuel 26:7-11

Vamos resumir a história de Davi e Saul, caso os leitores não a conheçam. Saul foi um rei colocado por Deus para governar a nação de Israel, porém ele não andou de acordo com os propósitos do Senhor e, por essa razão, Deus, por meio do profeta Samuel, resolve o destituir e, ao mesmo tempo, resolveu colocar Davi em seu lugar.

Contudo, essa mudança não aconteceria de imediato, ela demoraria algum tempo. Enquanto isso não acontecia, Saul, por inveja e por discordar da decisão do Altíssimo, procurou de todas as formas acabar com a vida de Davi, o perseguindo implacavelmente.

Felizmente, nunca teve hesito, pois Deus sempre fazia alguma coisa para proteger seu servo e houve determinadas situações, como no trecho citado mais acima, que o Senhor deu Saul na mão de Davi, mas ele, como não guardava rancor, poupou a vida do outro.

Uma coisa que achei interessante nesse conflito é que Davi não suspeitava mal de Saul. Davi achava que, enquanto Saul vivesse, seria este era a pessoa certa para ocupar o trono e não seria pelas mãos suas que conseguiria assumir essa posição.

Se Davi estivesse com segundas intenções, poderia pensar da seguinte maneira: mato Saul agora e ocupo seu trono definitivamente, logo não teria mais que ficar fugindo, já que, enquanto Saul vivia, Davi foi um fugitivo.

Ou seja, Davi não se achava melhor do que Saul e, por essa razão, não desejava o trono, isso que é não suspeitar mal. Davi amava Saul, apesar do mal que estava lhe fazendo, pois o respeitava. Ele não tinha àquele sentimento malicioso de desconfiança, de descrédito, diante do que acontecia.

É preciso frisar que uma coisa é ser sagaz, outra é ser malicioso, são coisas distintas. Por exemplo, nesta situação Davi jamais foi capturado por Saul, pois ele sabia que este o mataria, portanto, espertamente, evitou de várias maneiras que Saul o encontrasse, logo se verifica que Davi não guardava rancor de Saul, pois se quisesse poderia muito bem tê-lo matado, isso que é amor.

O AMOR <u>NÃO FOLGA COM A INJUSTIÇA</u>, <u>MAS FOLGA COM A VERDADE</u>

Nesse caso, apresentaremos duas situações já que o subtítulo traz duas referências.

O Amor não folga com a injustiça (Parábola do bom Samaritano)

"E, respondendo Jesus, disse: Descia um homem de Jerusalém para Jericó, e caiu nas mãos dos salteadores, os quais o despojaram, e espancando-o, se retiraram, deixando-o meio morto. E, ocasionalmente descia pelo mesmo caminho certo sacerdote; e, vendo-o, passou de largo. E de igual modo também um levita, chegando àquele lugar, e, vendo-o, passou de largo. Mas um samaritano, que ia de viagem, chegou ao pé dele e, vendo-o, moveu-se de íntima compaixão;
E, aproximando-se, atou-lhe as feridas, deitando-lhes azeite e vinho; e, pondo-o sobre o seu animal, levou-o para uma estalagem, e cuidou dele; E, partindo no outro dia, tirou dois dinheiros, e deu-os ao hospedeiro, e disse-lhe: Cuida dele; e tudo o que de mais gastares eu to pagarei quando voltar. Qual, pois, destes três te parece que foi o próximo daquele que caiu nas mãos dos salteadores? E ele disse: O que usou de misericórdia para com ele. Disse, pois, Jesus: Vai, e faze da mesma maneira". Lucas 10:30-37

Nessa parábola, observem a atitude omissa e negligente do levita e do sacerdote; notaram que eles não deram a mínima para o homem que foi atacado pelos salteadores? Quando eles resolveram não fazer nada, tendo consciência do que havia acontecido, estavam sendo complacentes com a atitude dos ladrões, sendo participantes da injustiça que estava sendo cometida, pois além de não o ajudarem, não correram atrás das autoridades locais para denunciar o que havia ocorrido.

No entanto, o Samaritano teve uma atitude, não diria que diferenciada, mas uma atitude mais do que normal, visto que todos àqueles que se comprometeram em amar o próximo, o senso de justiça deverá ser algo inerente ao seu caráter e presente em seus atos.

Percebam que o Samaritano ao ajudá-lo, demonstrou RESPEITO com seu semelhante, demonstrou consideração. Ele poderia perfeitamente ter seguido seu caminho, como os outros se preocupando com seus afazeres, mas ao invés disso, preferiu optar pelo bem do seu próximo vindo mais tarde a tirar dinheiro do próprio bolso para ajudá-lo no que fosse necessário. Isso que é AMOR deixar de atender seus próprios interesses para atender a causa de desconhecidos.

O AMOR FOLGA COM A VERDADE

Balão e Balaque

"Então os moabitas disseram aos líderes de Midiã: 'Essa multidão devorará tudo o que há ao nosso redor, como o boi devora o capim do pasto'. Balaque, filho de Zipor, rei de Moabe naquela época, enviou mensageiros para chamar Balaão, filho de Beor, que estava em Petor, perto do Rio, em sua terra natal. A mensagem de Balaque dizia: 'Um povo que saiu do Egito cobre a face da terra e se estabeleceu perto de mim. Venha agora lançar uma maldição contra ele, pois é forte demais para mim. Talvez então eu tenha condições de derrotá-lo e de expulsá-lo da terra, pois sei que quem você abençoa é abençoado, e quem você amaldiçoa é amaldiçoado'. Os líderes de Moabe e os de Midiã partiram, levando consigo o preço para os encantamentos mágicos. Quando chegaram, comunicaram a Balaão o que Balaque tinha dito". Números, capítulo 22, versículo 4 ao 7.

"'Um povo que saiu do Egito cobre a face da terra. Venha agora lançar uma maldição contra ele. Talvez então eu tenha condições de derrotá-lo e de expulsá-lo'. Mas Deus disse a Balaão: 'Não vá com eles. Você não poderá amaldiçoar este povo, porque é povo abençoado'. Na manhã seguinte, Balaão se levantou e disse aos líderes de Balaque: 'Voltem para a sua terra, pois o Senhor não permitiu que eu os acompanhe'. Os líderes moabitas voltaram a Balaque e lhe disseram: 'Balaão recusou-se a acompanhar-nos'. Balaque enviou outros líderes, em maior número e mais importantes do que os primeiros. Balaão, porém, respondeu aos conselheiros de Balaque: 'Mesmo que Balaque me desse o seu palácio cheio de prata e de ouro, eu não poderia fazer coisa alguma, grande ou pequena, que vá além da ordem do Senhor meu Deus'". Números, Capítulo 22, versículo do 11 ao 18.

"Então Balaque disse a Balaão: 'Que foi que você me fez? Eu o chamei para amaldiçoar meus inimigos, mas você nada fez senão abençoá-los!' E ele respondeu: 'Será que não devo dizer o que o Senhor põe em minha boca?'". Números, Capítulo 23, versículo 11 e 12.

Explicando a história, caso os leitores não tenham familiaridade com esse trecho, Balaão foi um profeta de Deus, na época em que os hebreus saíram do Egito. Havia um rei chamado Balaque que governava a nação de Moabe e este estava bastante preocupado, pois ele sabia que estava no caminho dos hebreus, liderados por Moisés/Josué e que ali poderia ser o seu fim.

Esse rei procurou de todas as maneiras persuadir Balaão a amaldiçoar Israel (hebreus), porém, como vocês viram, Balaão se nega. Balaão procurou transmitir para Balaque a pura verdade, sendo sincero, mas Balaque queria ouvir algo que lhe fosse conveniente, mesmo que isso fosse mentira. Balaão disse a verdade porque, sobretudo, ele amava a Deus, ainda que Balaque pudesse o enriquecer com seus presentes, ele não contrariaria a posição de Deus. Ou seja, o que não convinha a Balaque lhe entrava por um ouvido e lhe saiu pelo outro e, infelizmente, depois de milhares de anos, muita gente ainda é como ele.

Queremos que, com esse exemplo, os leitores entendam que muitas vezes Deus traz uma posição para determinadas questões, onde qualquer um de nós poderemos eventualmente não concordar, mas se você não souber lhe dar com essa questão poderá ficar prejudicado(a).

Em capítulos posteriores, quando começarmos a falar sobre namoro/casamento, isso ficará mais claro: em certas circunstâncias, saber a verdade poderá não lhe ser conveniente, contudo você terá que lidar com esse tipo de situação, para não colher coisas amargosas em sua vida. Quem ama não é complacente com as suas conveniências, não é complacente com o engano ou com a mentira, mas com a verdade.

O AMOR TUDO SOFRE

Os apóstolos são açoitados

"E concordaram com ele. <u>E, chamando os apóstolos, e tendo-os açoitado</u>, mandaram que não falassem no nome de Jesus, e os deixaram ir. Retiraram-se, pois, da presença do conselho, regozijando-se de terem sido julgados dignos de padecer afronta pelo nome de Jesus. E todos os dias, no templo e nas casas, não cessavam de ensinar, e de anunciar a Jesus Cristo". <u>Atos 5:40-42</u>

Notaram que, por amor ao evangelho, por amor a Cristo e principalmente por amor as pessoas que precisavam receber a mensagem de salvação, os apóstolos se submeteram a situações bastante constrangedoras e perigosas? Caso eles se deixassem intimidar pelos maus tratos que recebiam, muita gente teria perdido a salvação.

Então, em favor daqueles que precisavam ser evangelizados, o amor tudo sofria. Eu tenho certeza que os apóstolos tinham ciência que eles poderiam ser presos novamente, serem torturados e até mortos como veio acontecer anos mais tarde com a maioria deles, no entanto correram os riscos porque o que os motivava é esse sentimento de entrega pelo próximo essa renegação de seus interesses em prol da obra de Deus. Isso que é amor!

O AMOR TUDO CRÊ

O Centurião de Cafarnaum

"E o centurião, respondendo, disse: 'Senhor, não sou digno de que entres debaixo do meu telhado, mas dize somente uma palavra, e o meu criado há de sarar. Pois também eu sou homem sob autoridade, e tenho soldados às minhas ordens; e digo a este: Vai, e ele vai; e a outro: Vem, e ele vem; e ao meu criado: Faze isto, e ele o faz'. E maravilhou-se Jesus, ouvindo isto, e disse aos que o seguiam: 'Em verdade vos digo que nem mesmo em Israel encontrei tanta fé'. Então disse Jesus ao centurião: 'Vai, e como creste te seja feito. E naquela mesma hora o seu criado sarou'". Mateus 8:8-13

A mulher cananeia

"E eis que uma mulher cananeia, que saíra daquelas cercanias, clamou, dizendo: 'Senhor, Filho de Davi, tem misericórdia de mim, que minha filha está miseravelmente endemoninhada'. Mas ele não lhe respondeu palavra. E os seus discípulos, chegando ao pé dele, rogaram-lhe, dizendo: 'Despede-a, que vem gritando atrás de nós'. E ele, respondendo, disse: 'Eu não fui enviado senão às ovelhas perdidas da casa de Israel'. Então chegou ela, e adorou-o, dizendo: 'Senhor, socorre-me!' Ele, porém, respondendo, disse: 'Não é bom pegar no pão dos filhos e deitá-lo aos cachorrinhos'. E ela disse: 'Sim, Senhor, mas também os cachorrinhos comem das migalhas que caem da mesa dos seus senhores'. Então respondeu Jesus, e disse-lhe: 'Ó mulher, grande é a tua fé! Seja isso feito para contigo como tu desejas. E desde aquela hora a sua filha ficou sã'". Mateus 15:22-28

Percebam que tanto o Centurião (oficial romano que comandava cem soldados) como a mulher cananeia estavam em situações difíceis, eles precisavam recorrer a alguém que pudesse fazer algo pela causa deles. Esse alguém era Jesus Cristo.

O que acho interessante nessa história é que o Centurião tinha um status social bem mais importante que Jesus, só o fato dele ser romano já era algo significativo, visto que os romanos dominavam politicamente os judeus, povo qual pertencia Jesus, ou seja, havia por essa razão um certo mal-estar entre romanos e judeus.

Imaginem um oficial do Exército romano indo até Jesus suplicar-lhe para que seu criado fosse curado? Em um outro contexto ele poderia ter desprezado Jesus em razão da supremacia romana, mas não, ao invés disso, preferiu acreditar que aquele carpinteiro que se dizia filho de Deus poderia trazer saúde ao ser servo. Por amor ao seu criado ele teve fé suficiente para acreditar que todas as coisas são possíveis ao que crê e por isso foi abençoado.

É da mesma sorte que a mulher cananeia, que pertencia a um outro povo. Esta foi buscar a solução para seu problema em Jesus e encontrou o que queria. Quer dizer, tanto o Centurião Romano como essa senhora cananeia poderiam ter buscado auxílio em seus deuses pagãos, mas não acho que eles acreditavam mais nessas divindades.

Então notem que o amor aqui é racional, pois eles creram que era possível Jesus ajudá-los não levando-se em consideração as circunstâncias e as diferenças, logo <u>o amor tudo crê</u>. Eles não depositaram sua fé em imagens feitas de barro, madeira ou pedra; creram em um Deus vivo que tudo podia e que tudo pode. Acreditaram que Jesus não faria exceção de pessoas, e assim creram no amor de Deus e por essa razão o Senhor pode operar por meio da fé deles.

O AMOR TUDO ESPERA

José na cadeia

Vamos narrar novamente um pouco da história de José do Egito. Só recordando, ele foi vendido como escravo por seus irmãos e mais tarde foi parar na cadeia em razão de um desentendimento com os seus patrões. Mas, deixo claro que ele foi para prisão injustamente. Acompanhemos mais abaixo um trecho desse episódio, para que os leitores entendam melhor o assunto:

"Assim, embora ela insistisse com José dia após dia, ele se recusava a deitar-se com ela e evitava ficar perto dela. Um dia ele entrou na casa para fazer suas tarefas, e nenhum dos empregados ali se encontrava. Ela o agarrou pelo manto e voltou a convidá-lo: 'Vamos, deite-se comigo!'. Mas ele fugiu da casa, deixando o manto na mão dela. Quando ela viu que, ao fugir, ele tinha deixado o manto em sua mão, chamou os empregados e lhes disse: 'Vejam, este hebreu nos foi trazido para nos insultar! Ele entrou aqui e tentou abusar de mim, mas eu gritei. Quando me ouviu gritar por socorro, largou seu manto ao meu lado e fugiu da casa'. Ela conservou o manto consigo até que o senhor de José chegasse em casa. Então repetiu-lhe a história: 'Aquele escravo hebreu que você nos trouxe aproximou-se de mim para me insultar.
Mas, quando gritei por socorro, ele largou seu manto ao meu lado e fugiu'. Quando o seu senhor ouviu o que a sua mulher lhe disse: 'Foi assim que o seu escravo me tratou', ficou indignado. Mandou buscar José e lançou-o na prisão em que eram postos os prisioneiros do rei. José ficou na prisão, mas o Senhor estava com ele e o tratou com bondade, concedendo-lhe a simpatia do carcereiro". Gênesis 39:10-21

O que eu acho excepcional desse acontecimento é que José, sendo vendido pelos seus irmãos para os ismaelitas e posteriormente sendo escravo do Capitão da Guarda de Faraó (Potifar), onde foi acusado de tentar ter relações com sua esposa, reagiu a tudo isso de forma pacífica.

Depois que saiu da prisão e foi nomeado Primeiro-Ministro de Faraó, não procurou se vingar de seus parentes tão pouco de Potifar e sua esposa, que haviam inventado tamanha mentira. Ele esperava que

Deus algum dia lhe fizesse justiça, e assim foi feito. José ficou preso de dois a três anos, mas ele sabia que um dia ele sairia dali, pois ele esperava nas providências divinas.

Em nenhum trecho da história de José é identificado que ele fez alguma reclamação sobre sua situação. Apesar de a bíblia não registrar, eu acredito que ele tenha orado para que Deus o libertasse, ou seja, a esperança dele estava depositada em Deus e não em alguma outra coisa, até porque o problema que ele passava, não poderia ser resolvido, a única alternativa era esperar em Deus.

Algo que acho incrível nesse fato é que ele tinha condições de fugir, pois o carcereiro o responsabilizou pelos demais presos, ou seja, ele tinha muito mais liberdade do que os outros. Em vez de tentar escapar, acreditou que Deus, em algum momento, agiria, pois jamais duvidaria do Todo-poderoso.

Quando José toma a decisão de esperar, é porque ele respeita à vontade de Deus, respeita as autoridades que o encarceraram. Respeitando as decisões que selaram seu destino, ele está provando que acredita no amor de Deus. Essa espera pela providência divina, isso que é amor.

O AMOR TUDO SUPORTA

Jesus na cruz do Calvário

"Então alguns lhe cuspiram no rosto e lhe deram murros. Outros lhe davam tapas
e diziam: 'Profetize-nos, Cristo. Quem foi que lhe bateu?'". Mateus 26:67,68"Tiraram-lhe as vestes e puseram nele um manto vermelho; fizeram uma coroa de espinhos e a colocaram em sua cabeça.
Puseram uma vara em sua mão direita e, ajoelhando-se diante dele, zombavam: 'Salve, rei dos judeus!'
Cuspiram nele e, tirando-lhe a vara, batiam-lhe com ela na cabeça". Mateus 27:28-30

"E, quando chegaram ao lugar chamado a Caveira, ali o crucificaram, e aos malfeitores, um à direita e outro à esquerda. E dizia Jesus: Pai, perdoa-lhes, porque não sabem o que fazem. E, repartindo as suas vestes, lançaram sortes. E o povo estava olhando. E também os príncipes zombavam dele, dizendo: Aos outros salvou, salve-se a si mesmo, se este é o Cristo, o escolhido de Deus. E também os soldados o escarneciam, chegando-se a ele, e apresentando-lhe vinagre". Lucas 23:33-36

Que demonstração maior de amor haveria diante desse ato de Jesus Cristo, que sendo Deus, a pedido de seu Pai, veio ao mundo para se sacrificar e salvar todos àqueles que crerão em seu nome? Acredito que esse fato já é de conhecimento notório a todos, mesmo os que não são adeptos do cristianismo.

O que talvez não seja notório é que, em razão de seu amor, ele teve que suportar desprezos, escarnecimentos e muita dor. E, salientamos, Jesus não tinha interesse em ser crucificado, muito pelo contrário, de acordo com os evangelhos, há uma passagem antes de ser preso, em que Jesus pede ao seu pai para não ser sacrificado. Vejamos:

"Indo um pouco mais adiante, prostrou-se com o rosto em terra e orou: 'Meu Pai, se for possível, afasta de mim este cálice; contudo, não seja como eu quero, mas sim como tu queres'". Mateus 26:39

Isso é o amor Ágape, pois este tudo suporta. Não é à toa que Jesus também é chamado o Rei dos reis e Senhor dos Senhores, pois qual foi o rei/imperador que resolveu dar a sua vida por seu povo? Avaliando a história da humanidade, geralmente, é o povo que se entrega por seu rei/rainha, pagando impostos, indo a guerra, o servindo das mais variadas formas.

O que Jesus fez foi algo inédito, por isso ele é ÚNICO entre todos, pois todas as Majestades que passaram na face da terra e todas as honras que cabia a cada uma delas foram aniquiladas pela morte e pelo tempo. Porém, ao Jesus ressuscitar, a morte foi vencida e o tempo tornou-se seu aliado, testemunhando a todas as gerações sobre esse amor incondicional de Jesus Cristo. Percebam que o amor Ágape é essa entrega em favor do próximo e também a renúncia de seus interesses para atender o propósito de Deus.

Agora que terminamos de explicar detalhadamente o que é o amor, eu peço que leiam novamente os versículos trazidos pelo apóstolo Paulo, onde ele dá a sua definição de amor. Vejamos:

"O amor é sofredor, é benigno; o amor não é invejoso; o amor não trata com leviandade, não se ensoberbece. Não se porta com indecência, não busca os seus interesses, não se irrita, não suspeita mal; Não folga com a injustiça, mas folga com a verdade; Tudo sofre, tudo crê, tudo espera, tudo suporta". 1 Coríntios 13:4-7

Por que pedimos para que vocês relessem o trecho acima? Porque a nossa intenção é que vocês, a partir de agora, saibam exatamente o que está sendo lido. Eu espero que com as explicações que trouxemos, haja uma compreensão melhor do significado da palavra amor.

Quase todos já leram essa parte, mas muitos o fizeram, e ainda o fazem, de forma corriqueira e superficial. Em outras palavras, elas realizam uma leitura incompleta. Por entender essa passagem de uma forma limitada, não conseguem assimilar a linda mensagem, pois não basta apenas ler o texto, para esse tipo de leitura, se faz necessário uma reflexão. Quando não há reflexão, fica difícil que o amor Ágape seja colocado em prática, como idealizou Jesus e o apóstolo Paulo.

CAPÍTULO 2

A ESCOLHA DO CÔNJUGE

Até agora falamos sobre o amor essencialmente no seu aspecto teórico e trouxemos vários exemplos para explicar como a bíblia conceitua esse sentimento, mas agora vamos começar a tratar sobre o aspecto prático, ou seja, como no seu dia a dia ele deveria ser aplicado.

Por exemplo, em 2011 eu resolvi fazer um curso de encanador industrial para me atualizar no mercado de trabalho e vislumbrar outros horizontes. Durantes as aulas, é abordada primeiramente a parte teórica e posteriormente a parte prática, onde os alunos passam a ter contato com as ferramentas e maquinarias.

E por que normalmente os cursos são desenvolvidos dessas formas? Porque, veja bem, se você não tiver uma base teórica adequada, terá dificuldades de desenvolver na prática aquilo que foi proposto nas apostilas ou livros.

Esse conceito não serve somente para essa área a qual eu me dediquei, mas também para qualquer outro curso, como técnico de enfermagem, técnico em eletrônica, geologia, medicina, etc... sempre vem a teoria primeiro e depois a prática, a fim de levar o aluno a exercitar àquilo que ele aprendeu na teoria.

Caso não tenham entendido até o momento a definição teórica do amor, peço por gentileza que releiam os textos anteriores e reflitam com cuidado, para que entendam perfeitamente àquilo que estaremos nos propondo a ensinar mais adiante.

Então daqui em diante passaremos para a parte prática. Observem o seguinte versículo: "O que Deus uniu o homem não separa". Mateus 19:06.

Você já pensou no significado desse versículo? Vamos então entendê-lo um pouco mais. Essa frase quer dizer o seguinte: todo casamento que foi realmente confirmado e orientado por Deus jamais terminará em divórcio, seja o que for que ocorra durante esse processo, tudo é superado, só a morte os separa.

Entretanto, quando a união não é dirigida pelo Senhor, as separações podem ocorrer, naturalmente. Por exemplo, o problema da incompatibilidade de gênio se tornará algo sério e de difícil solução, por essa razão, é preciso consultar ao Senhor para saber se sua decisão é a mais correta.

Logicamente, eu friso, que tudo que falamos aqui se aplica àqueles que acreditam no evangelho de Jesus Cristo, agora os que não creem certamente tendem a adotar outras referências.

Muitos vezes, o ser humano insiste em um relacionamento que não era para acontecer, de tal forma que ele, ao fazer isso, acredita que está agindo por amor, quando não é – e isso fatalmente trará problemas, pois ele ou ela está sobrepondo suas emoções sobre sua razão e isso não é amor, é só paixão, ou seja, algo passageiro.

Nas novelas e filmes vocês vão encontrar muitos desses exemplos erráticos, que na realidade são verdadeiros instrumentos do diabo para confundir e desgraçar as pessoas, estimulando aos telespectadores a tomarem decisões mais do que precipitadas.

Uma coisa é certa: não serão seus sentimentos que lhe farão feliz, mas suas escolhas. Seria interessante que esses livros de romance, filmes, novelas e séries começassem a mostrar o depois, ou seja, os casais daqui a cinco, dez, quinze anos – vamos ver se esse "amor" que os uniu continuará em pé. Eu duvido muito, já que normalmente o que os uni não é o Ágape, mas sim o Eros.

OS TRÊS QUESITOS FUNDAMENTAIS

Antes de começarmos este capítulo, gostaríamos que meditassem atentamente no versículo abaixo:

"Quem é fiel no mínimo é também fiel no muito, e quem é injusto no mínimo é também injusto no muito". Lucas 16:10

Na bíblia, existem três requisitos essenciais que devem ser observados nos pretendentes a fim de ter a convicção de que está se fazendo a escolha certa. Sem que sejam observados esses fatores será difícil fazer a escolha correta, só tendo muita sorte. Infelizmente, os líderes religiosos e psicólogos em geral não sabem, ou pouco trabalham esse tema, devido à falta de entendimento sobre essa questão; mais adiante os leitores saberão o porquê. Vejamos:

PRIMEIRO QUESITO – FATOR FINANCEIRO

No texto sagrado, a primeira coisa a avaliar para se escolher um bom parceiro é o fator financeiro, ou seja, as condições econômicas do homem devem ser levadas em consideração. Não há nenhum impedimento da mulher ter sua própria renda e ajudar seu esposo, contudo ela não está obrigada a ter um emprego, pela simples razão de Deus ter determinado para o homem trabalhar e não a mulher. Observem:

"<u>Com o suor do seu rosto você comerá o seu pão</u>, até que volte à terra, visto que dela foi tirado; porque você é pó e ao pó voltará". <u>Gênesis 3:19</u>

Nós sabemos que a partir da revolução industrial, ocorrida em meados do século XVIII, a inserção feminina no mercado de trabalho foi gradativamente se intensificando até chegar ao ponto que estamos hoje, ou seja, há situações que a mulher até ganha mais do que o homem.

Entretanto, no princípio, o que Deus havia formulado após o pecado do ser humano ao comer o fruto proibido, era que só o varão trabalhasse – a varoa, conforme já dito, não teria essa obrigação. Mesmo assim, a bíblia, no decorrer dos seus 66 livros e epístolas, narra alguns episódios de mulheres que trabalhavam – por exemplo, Rebeca e Rute que estavam trabalhando até se casarem – talvez até tenham trabalhado após isso, mas esse fato a bíblia não relata.

No livro de Provérbios, também há uma descrição bem interessante sobre o que Salomão, possível escritor desse livro, entende como padrão de mulher. Iremos abaixo citar alguns de seus versículos:

"Uma esposa exemplar; feliz quem a encontrar! É muito mais valiosa que os rubis. Seu marido tem plena confiança nela e nunca lhe falta coisa alguma. Ela só lhe faz o bem, e nunca o mal, todos os dias da sua vida. Escolhe a lã e o linho e com prazer trabalha com as mãos. Como os navios mercantes, ela traz de longe as suas provisões. Antes de clarear o dia ela se levanta, prepara comida para todos os de casa, e dá tarefas as suas servas. Ela avalia um campo e o compra; com o que ganha planta uma vinha. Entrega-se com vontade ao seu trabalho; seus braços são fortes e vigorosos. Administra bem o seu comércio lucrativo, e a sua lâmpada fica acesa durante a noite. Nas mãos segura o fuso e com os dedos pega a roca. Acolhe os necessitados e estende as mãos aos pobres. Não receia a neve por seus familiares, pois todos eles vestem agasalhos. Faz cobertas para a sua cama; veste-se de linho fino e de púrpura. Seu marido é respeitado na porta da cidade, onde toma assento entre as autoridades da sua terra. Ela faz vestes de linho e as vende, e fornece cintos aos comerciantes. Reveste-se de força e dignidade; sorri diante do futuro. Fala com sabedoria e ensina com amor. Cuida dos negócios de sua casa e não dá lugar à preguiça. Seus filhos se levantam e a elogiam; seu marido também a elogia, dizendo: Muitas mulheres são exemplares, mas você a todas supera". Provérbios 31:10-29

No caso acima, Salomão aconselha todas as mulheres, dentro de suas possibilidades, a agirem da mesma forma. O texto sagrado não está obrigando ninguém a tomar as mesmas atitudes, o trecho acima é só uma orientação.

Pedimos que percebam a figura do homem nesse contexto. Vejam que, apesar de a esposa dele trabalhar, o homem continuou sendo a base do rendimento, como determina a ordenança bíblica.

Caso o leitor(a) tenha interesse, eu proponho, quando for possível, que analisem cuidadosamente as histórias bíblicas dos seguintes casais: Isaque e Rebeca; Boaz e Rute; Davi e Mical. Nós não entraremos em detalhes nas histórias desses três casais por enquanto, pois creio que será mais interessante as pessoas lerem e constatarem esses fatos por si mesmos, pois vocês já puderam ter uma noção do que estamos propondo.

Resumidamente falando sobre eles, Deus só concede as respectivas esposas para cada um desses homens quando eles conseguem prosperar financeiramente e profissionalmente. Vocês lerão que nenhum deles foi abençoado com a mulher antes que tivessem progresso.

E frisamos progresso aqui não é só trabalhar de carteira assinada, ou ter conquistado uma promoção; quando falamos de progresso em termos bíblicos, é ter recursos significativos que proporcionam toda a diferença para o sustento de uma família.

Tanto é que, no caso de Davi e Jacó, por terem prosperado tanto, não conseguiram só uma mulher, eles tiveram várias. Logicamente não estamos propondo que o homem de hoje faça a mesma coisa, pois o evangelho e a própria legislação atual condenam a união poligâmica e nós apoiamos essa posição.

Mas, mesmo casando-se com uma só esposa, você, homem, terá que provar que tem condições de manter não só ela, mas também futuros filhos. Caso você não tenha essa condição, fique sabendo que a bíblia não recomenda nenhuma mulher a casar contigo.

Contudo, o prezado leitor poderia me questionar: mas José (Pai de Jesus) não era só um carpinteiro? Como ele conseguiu sustentar Maria e os irmãos de Jesus? Pois é, a bíblia não diz como, mas diz que ele, apesar de humilde, conseguiu prover o sustento de sua família, muito provavelmente tendo poucos recursos para isso; entretanto, não há quaisquer indícios, de acordo com os quatro evangelhos (Mateus, Marcos, Lucas e João), de que Jesus e seus irmãos mais novos passaram fome durante infância e juventude, ou que sofreram algum tipo de privação. Certamente José deu seu jeito para que eles não passassem necessidades, visto que Maria, segundo os relatos bíblicos, não trabalhava.

Logo, não estamos dizendo que para ter uma esposa você deve ser rico. Trouxemos o exemplo de José justamente para provar que não é bem assim. Porém, você, homem, tem a obrigação de sustentar sua esposa e seus filhos, como ele o fez, isso é algo mais do que inegável. E caso a mulher já tenha tido filhos de um outro relacionamento e estes precisem de sua ajuda, você terá que sustentá-los também. Por uma única e simples razão: você a ama, não é mesmo? Então, arque com as responsabilidades do seu amor.

Sendo assim, sugerimos para o homem que, antes de se casar, estude, se prepare, se qualifique, procure profissões que lhe abram oportunidades no mercado de trabalho. Coloque em sua mente que sem uma profissão boa, não é viável assumir um compromisso conjugal.

Só pense em casar quando você tiver condições financeiras para concretizar esse objetivo; caso contrário, nada feito. Caso você decida ignorar o que propomos, lembre-se que, depois de casado, será bem difícil conciliar trabalho e estudos, e o maior prejudicado será você mesmo.

Você pode até ser um faxineiro ou gari, se com essa atividade você, homem, consegue ter um salário que lhe permite sustentar uma casa, com mulher e filhos, não há problema nenhum, pois não é o tipo de profissão que você exerce que demonstrará alguma coisa para Deus, mas é a sua renda.

Então, você, mulher, que pretende se casar, perceba que o primeiro sinal que Deus lhe dá sobre seu pretendente é a situação financeira do homem. Se este não tiver um bom emprego de onde consiga recursos para manter uma provável família, não case, pois se você casar, poderá ter um problema bem sério no futuro.

Você só pode casar com um homem sem recursos desde que lhe apareça um "anjo" e diga-lhe para casar com fulano ou beltrano, ou que lhe aconteça alguma coisa muito extraordinária, como uma visão, um sonho, ou seja, uma revelação onde você tenha absoluta certeza que é Deus que está lhe trazendo – caso essa coisa inédita não tenha acontecido, siga exclusivamente a posição que estamos apresentando que, por sua vez, está baseada nas escrituras. E jamais tenha dúvida, pois Deus normalmente não opera no meio de dúvidas.

Uma coisa que acho interessante comentar com vocês, e não sei se é do conhecimento dos leitores, é que no reino animal, quando a fêmea escolhe seu parceiro, ela não o escolhe porque ele é mais bonito ou mais feio, ou por ser pouco ou muito agradável, ela faz a escolha baseando-se na força, ou seja, o macho escolhido é àquele que tem mais capacidade, pois assim ela e sua prole serão muito bem protegidos e seus filhos serão fortes como o pai.

Entretanto, nas relações humanas, quando falamos de força não tratamos de força física, estamos falando em capacidade financeira, em ser capaz também de resolver problemas com inteligência. Contudo, nós vemos que, infelizmente, à maioria das mulheres falta essa percepção para diferenciar o bom do ruim, pois normalmente estas fazem suas escolhas pelo sentimento e logo acabam se prejudicando desnecessariamente.

Logo, pergunte-se: se seu pretendente não conseguiu ter um emprego razoável como ele vai sustentar uma família? É óbvio que ele não vai conseguir. Pode ter certeza, quem quer que seja seu futuro marido, se for a vontade de Deus que ele seja seu esposo, o Senhor dará condições financeiras para o mesmo.

Observem o versículo abaixo, que colocamos no início desse capítulo esperamos que agora isso vem a fazer mais sentido.

"Quem é fiel no mínimo é também fiel no muito, e quem é injusto no mínimo é também injusto no muito". Lucas 16:10

Ou seja, se seu namoradinho não tem capacidade para lidar com coisas mínimas, como obter um bom emprego, certamente ele não será capaz de ser marido e pai, pois são compromissos bem mais importantes.

Você, homem, que diz amar sua namorada, se você não tem condições econômicas, então, por hora, esqueça essa ideia de casamento e deixe a sua namorada, se for o caso, se unir com outro homem que possa oferecer uma vida que ela mereça. Se você realmente a ama, ficará feliz pelo bem-estar dela, independentemente de quem fique ao seu lado.

Agora, mulher, não tente forçar a barra se seu companheiro não tem condições para tal, desista. Caso você já esteja namorando a mais de um ano, separe; Deus não está nesse relacionamento. E por que digo um ano? Vocês se recordam daqueles casais bíblicos que mencionei mais acima? Isaque e Rebeca; Rute e Boaz; Davi e Mical; pois bem, analisando a união desses casais, você perceberá que não houve exatamente um namoro; assim que perceberam que Deus estava querendo que eles se casassem, casaram, ou seja, tão logo se conheceram e receberam a confirmação do Altíssimo, promoveram o matrimônio. A união desses casais ocorreu em menos de seis meses. Quando é de Deus não tem essa conversa de precisamos nos conhecer melhor. Essas pessoas provaram que é possível amar uma pessoa sem mesmo tê-las conhecido bem e assim sendo nada lhes impede de fazer a mesma coisa.

Eu me pergunto por que hoje não pode ser assim? Você pode me dizer que os tempos mudaram ... mas, será que Deus mudou? Ainda que o Senhor tivesse mudado, não foi no sentido de casamento, porque ele sempre esteve disponível para orientar homens e mulheres a fazer a coisa certa, entretanto, a maioria de nós tomou a decisão de não consultá-lo e, por esse motivo, as pessoas se veem em dificuldades quando o assunto é com quem casar.

Então, conclui-se que o fator financeiro é um sinal indispensável para saber se àquele homem tem capacidade para ser um bom marido, seus filhos e sua casa; ela não tem a obrigação de correr atrás de trabalho.

SEGUNDO QUESITO – JUGO DESIGUAL

"Não vos prendais a um jugo desigual com os infiéis; porque, que sociedade tem a justiça com a injustiça? E que comunhão tem a luz com as trevas? E que concórdia há entre Cristo e Belial? Ou que parte tem o fiel com o infiel?" 2 Coríntios 6:14,15

Esse requisito é o que geralmente os líderes religiosos mais abordam nas igrejas, quando o assunto é casamento, ao contrário dos outros que se aborda com pouquíssima frequência. Por essa razão, não iremos nos estender muito, pois presume-se que ele já seja de conhecimento da maioria das pessoas.

Resumidamente, você que é católico, procure casar com uma católica; você que é evangélico procure casar com uma evangélica; você que é espírita, procure se relacionar com espíritas; você que é umbandista, com umbandistas; você que é ateu com pessoas que não acreditam em Deus ou que não sejam adeptos de nenhuma religião.

Isso porque, se você assim o fizer, sua interação com seu parceiro(a) será muito mais fácil e terá mais chance de ter progresso no seu relacionamento, pois seu modo de vida, a maneira que você enxerga às coisas, estará em harmonia como as convicções e os ideais dele ou dela. Logo fica mais fácil um apoiar o outro.

Por outro lado, quando há diferenças de crença, abre-se espaço para conflitos e discórdias. Quando se coloca em um casamento um homem e mulher com propósitos e visões de mundo divergentes, a tendência é que as diferenças, com o tempo, comecem a aparecer e estas ganham espaço e força, tendo como desfecho final a separação. Então, para que isso não aconteça procure parceiros da sua religião, pois como diz um ditado popular é melhor prevenir do que remediar.

Fazemos ainda uma ressalva, especificamente para os evangélicos. Jamais se una com alguém que foi para a igreja só com o intuito de ter algo com você. Aliás, se você deixou que isso acontecesse, você foi ingênua(o). Procure pessoas que já estejam a mais tempo convertidas e que principalmente deem testemunho.

Trazemos essa advertência porque, de acordo com nossas pesquisas, sabemos que em determinados casos, certas pessoas estão se batizando por mero interesse e, depois que já tem encontrado o que queria, largam a igreja. Sendo assim, tome cuidado!

Caso isso já tenha acontecido, continue casado com essa pessoa e vá orando e buscando para que um dia Deus toque na mente dela e a traga em definitivo para seus caminhos. Mas não force nada, só respeite a decisão dela e procure dar testemunho, pois seu exemplo será importante para convertê-la verdadeiramente.

Vamos supor que haja um casal de namorados, Fulano e Fulana. Fulano quer porque quer ter relações com Fulana, mas Fulana diz não, então o Fulano dá a entender que se ela não se entregar, a deixará. Quando isso acontece é porque há um conflito de valores. Isso é sinal que <u>Deus não está nesse relacionamento</u>. Se você não quer ter relações procure um companheiro que compartilha de sua visão.

Fica evidente que Fulano não ama Fulana, ele só está procurando a satisfação própria, pois, como vimos no capítulo um, a pessoa que tem o amor Ágape renuncia sua vontade em prol do interesse do outro. Logicamente poderia acontecer o contrário, a Fulana querer sexo antes do casamento, mas se Fulano teme a Deus, ele não consentirá.

Na bíblia, há vários exemplos de uniões malsucedidas em razão de jugo desigual: Sansão e Dalilá, Salomão e suas setecentas mulheres, e assim por diante. Podemos citar também o adultério de Davi e Bateseba; essa, sendo casada, tinha que honrar seu marido e não foi o que ocorreu. Davi, da mesma forma, tinha que respeitar Urias, o esposo de Bateseba. Além disso, não podia fazer uso de sua posição de rei para o matar. Para completar, naquela época ele já tinha várias esposas e, sendo muito bem casado, para que ir atrás de mais uma que por sinal, como dito, já era casada?

A pessoa que é casada tem compromisso firmado com apenas uma pessoa, o solteiro, no entanto, tem várias opções, mas jamais poderá escolher alguém que é casado(a) em razão da diferença de valores. Solteiro e Casado é como água e óleo, não se misturam.

Davi, sendo comprometido, resolveu ignorar esse princípio e, por causa disso, provou muita coisa amarga em sua vida que, analisando bem, não tinha necessidade alguma de acontecer. Logo, procure um companheiro(a) que tenha valores que você julga ser importante, pois é uma demonstração que você tem amor-próprio.

TERCEIRO QUESITO – RESPEITO AS PAIS

"Honra a teu pai e a tua mãe, para que se prolonguem os teus dias na terra que o Senhor teu Deus te dá". Êxodo 20:12

Muitos podem pensar em razão de alguma informação que receberam de conhecidos e parentes que antes de casar seria melhor que conhecêssemos bem nosso companheiro(a). Apesar desse pensamento ser bem difundido, a questão é: como devemos fazer isso?

Será que devemos conhecê-lo conversando, namorando, observando seu modo de ser, analisando a forma com que essa pessoa nos trata? Qual a maneira de o avaliarmos corretamente?

A melhor maneira de se conhecer profundamente essa pessoa é por meio dos pais/madrastas/padrastos dele ou dela. Questione quando possível os parentes de seu pretendente, os interrogue quantas vezes for necessário, pois é na aprovação ou desaprovação deles que Deus trará a resposta que você está esperando.

No pertinente a honra, observe, por exemplo, se seu pretendente estava presente quando os pais dele precisaram da sua ajuda, se deu apoio nas horas difíceis... Se ele deu, ótimo. Você saberá que nas situações delicadas poderá contar com ele ou ela. Agora se isso não ocorreu, se afaste. Isso é mais um sinal que Deus está lhe mostrando que essa pessoa não será um bom parceiro(a).

Ainda, que você goste da pessoa, não se iluda. Pode ter certeza que quem não honrou pai e mãe, também não honrará seu companheiro(a). E logo volto a comentar o versículo abaixo, pois também se aplica perfeitamente a essa situação:

"Quem é fiel no mínimo é também fiel no muito, e quem é injusto no mínimo é também injusto no muito". Lucas 16:10

Quer dizer, se ele ou ela não foi fiel com os pais, não lhes atribuiu o devido respeito, pode ter certeza que com você não será diferente.

Eu estava analisando um blog/site enquanto escrevia esse livro e lá foram apresentadas algumas estatísticas sobre as agressões que as mulheres sofriam e que eram registradas na delegacia. O mesmo relatava que a cada 4 minutos uma mulher é agredida no Brasil, totalizando 405 por dia. Para minha surpresa, o perfil dos agressores não é necessariamente o cônjuge, um esposo, ou alguém amasiado. Segundo os dados, o companheiro sexual é responsável por apenas 22,5% dos casos. Nos outros 77,5% quem é responsável pela agressão são irmãos, padrastos, parentes, namorado ou ex-namorado, conhecidos e até outras mulheres.

Agora eu pergunto para vocês o seguinte: no caso desses agressores, vocês acham que eles teriam condições de serem companheiros de alguém? Certamente que não. Contudo, se nos restringirmos a esses 22,5%, era possível que essas agressões não ocorressem se escolhessem um parceiro melhor.

Nós temos a certeza que esses espancadores não começaram a agredir depois que se casaram ou amasiaram – pode ter certeza que no âmbito familiar desses indivíduos já participavam de episódios dessa natureza. Então, para eles a agressão não representa nada de novo.

Logo pedimos que analisem o histórico de seu companheiro, veja que tipo de comportamento seu pretendente adotou com seus demais parentes, enquanto estava solteiro e, se for possível, verifique ainda os procedimentos dele enquanto estava na escola, na vizinhança, não deixe de fazer isso, pois são através dessas informações que Deus irá lhe responder, a fim de que você saiba perfeitamente com quem você está querendo se casar e como será tratada dali em diante.

Se essa pessoa que você quer que fique de seu lado, aprontou, deu trabalho para seus pais e parentes, jamais case com ela. Pois se não respeitou seus familiares, vai respeitar você? Pura ilusão. Todavia, se você quiser tentar esse caminho, siga em frente, mas não diga depois que ninguém lhe avisou!

Vamos para um outro exemplo, caso essa nossa proposta ainda não esteja clara. Provavelmente o leitor deva conhecer o SPC/SERASA. Basicamente, se você comprou alguma coisa em algum estabelecimento comercial e não pôde pagar, depois de algum tempo, seu nome é protestado em um desses lugares e você fica impedido de comprar no crediário. Quer dizer, seu nome fica sujo até você pagar o que deve.

Hoje, em função da informatização, qualquer loja do país que tenha acesso ao serviço do SPC ficará sabendo da sua dívida caso tenha comprado e não pagado. Por que os Bancos e lojistas adotaram esse procedimento? A resposta é óbvia: para se ter uma proteção, a fim de que pessoas irresponsáveis não comprem novamente e voltem a fazer a mesma coisa.

Na realidade, o SPC, ao adotar essa norma, se espelhou em uma das parábolas apresentadas por Jesus, que relatamos mais abaixo:

A Parábola dos Talentos

"[14]E também será como um homem que, ao sair de viagem, chamou seus servos e confiou-lhes os seus bens.[15]A um deu cinco talentos, a outro dois, e a outro um; a cada um de acordo com a sua capacidade. Em seguida partiu de viagem.[19] Depois de muito tempo, o senhor daqueles servos voltou e acertou contas com eles.[20]O que tinha recebido cinco talentos trouxe os outros cinco e disse: 'O senhor me confiou cinco talentos; veja, eu ganhei mais cinco'. [21] O senhor respondeu: '<u>Muito bem, servo bom e fiel! Você foi fiel no pouco, eu o porei sobre o muito</u>. Venha e participe da alegria do seu senhor!'[24]Por fim veio o que tinha recebido um talento e disse: 'Eu sabia que o senhor é um homem severo, que colhe onde não plantou e junta onde não semeou. [25]Por isso, tive medo, saí e escondi o seu talento no chão. Veja, aqui está o que lhe pertence'. [26]O senhor respondeu: 'Servo mau e negligente! Você sabia que eu colho onde não plantei e junto onde não semeei?[27]Então você devia ter confiado o meu dinheiro aos banqueiros, para que, quando eu voltasse, o recebesse de volta com juros'". Lucas 19:12-27

Observem mais uma vez a frase destacada abaixo que foi mencionada nesta parábola: "<u>Muito bem, servo bom e fiel! Você foi fiel no pouco, eu o porei sobre o muito</u>". Quer dizer, quando se assume um determinado compromisso e honra-o, estando eventualmente em outra circunstância, você também a de fazer o mesmo.

É exatamente dessa forma que os lojistas pensam, quando restringem a pessoa de comprar a prazo, é porque em outro local ela não foi capaz de honrar seus compromissos, ou seja, se esta não pagou na loja A, ela não pagará na loja B também.

Portanto, filho(a)s que não honraram pais/mães ou similares não tratarão bem seus cônjuges. Quer saber como seu futuro marido vai lhe tratar? Pergunte para os pais dele. Quer saber como sua futura esposa irá lhe tratar? É só perguntar aos pais dela. Se eles não foram capazes de tratar os pais bem, não é casando com você que às coisas serão diferentes. A resposta de Deus estará presente no que os pais dele ou dela responderem.

Agora se ela ou ele são elogiados, meus cumprimentos, pois é mais um sinal que você está prestes a conseguir o parceiro(a) ideal; isso é, se os outros dois requisitos falados anteriormente forem igualmente observados. Coloque nesses três quesitos sua esperança e fé, pois certamente se observados você terá um casamento bem-sucedido.

Então, fechando esse capítulo, mencionamos os três requisitos fundamentais para se escolher o parceiro(a) correto. É lógico que não existe só esses, mas, sem dúvida, estes são essenciais e não poderão ser esquecidos.

Muitos podem me dizer: o que você propõe é antiquado, hoje às coisas são diferentes. Pois é, em razão do feminismo, que é um conjunto de movimentos políticos, sociais, ideologias e filosofias, que tem como objetivo comum direitos equânimes (iguais) e uma vivência humana por meio do empoderamento feminino, determinados valores bíblicos começaram ao longo da história, principalmente no século XX, a perder espaço.

As pessoas que aderem ou são simpatizantes dessas causas veem a bíblica como machista e preconceituosa. Por exemplo, a bíblia ensina que a esposa deve submissão ao marido e o feminismo tende a discordar dessa concepção. Mas por que a bíblia é dessa maneira? Irei explicar-lhes a seguir.

Eu presumo que todos já frequentaram alguma escola, correto? Quando você chegava na escola, se dirigia a uma sala, onde há um professor e, acima desse profissional, há um Diretor.

Mudando o cenário, para um ambiente de trabalho em uma empresa ou instituição, há os funcionários subordinados, geralmente por seus chefes e supervisores. Em um avião todos estão submetidos às ordens do Comandante. Em qualquer lugar que você vá sempre existe uma hierarquia.

A hierarquia é muito importante, pois sem ela não existe ordem em lugar nenhum, pois todos podem passar a mandar; logo, se todos mandarão, quem obedecerá? Não tem como alguma instituição, algum órgão público, alguma empresa, ter progresso se não há uma hierarquia (escalonamento de responsabilidades).

O casamento não será diferente de uma fábrica, de uma escola, de um time de voleibol para dar certo tem que haver a figura do superior e do subordinado. O feminismo masculinizou a figura da mulher ao propor que ela estaria em igualdade e, na realidade, ela não está. Por exemplo, no caso de um time de voleibol, o jogador ou a jogadora estaria em igualdade com o seu técnico? De forma nenhuma, a jogadora obedece integralmente às instruções dele e, se está não o obedece, ela sai do time.

Logo, na relação homem e mulher, tem que haver esse tipo de concordância, pois se não progredirão. Vamos pegar aqui o caso de Adão e Eva. Ao serem criados, os dois estavam em igualdade. Eva não mandava em Adão e este não mandava em Eva. Os dois também tinham a mesma força, nem um era mais forte do que o outro.

Entretanto, após terem comido do fruto proibido, Deus achou melhor que a mulher ficasse subordinada ao homem. Quer dizer, o primeiro a propor a igualdade do gênero foi Deus. Não foi nem um ativista feminista ou alguém que defenda os direitos humanos. Deus que propôs esse ideal. Como não deu certo, Deus acabou por estabelecer uma hierarquia, a fim de evitar que futuramente alguma situação parecida como a do jardim do Éden não voltasse a se repetir.

Imaginar que a bíblia é desatualizada é totalmente equivocado, desatualizados são os que pensam que ela é antiquada. Dos três requisitos que mencionamos você pode me dizer qual estaria desatualizado? Tenho certeza que nenhum deles está.

A bíblia também nos traz exemplos de mulheres, como as rainhas Jezabel e Vasti, que tentaram se impor e, especialmente no caso de Jezabel, que quis dar ordem para seu marido e acabou prematuramente assassinada.

A rainha Vasti não quis obedecer ordem do Rei Assuero, seu esposo, e acabou sendo destronada – quem entrou no seu lugar foi uma jovem chamada Ester, que foi bastante submissa e, por isso, até hoje ela é disparada a rainha mais famosa da história da humanidade, talvez só Cleópatra poderia rivalizar com ela.

Ser submisso não é sinônimo de inferioridade, mas é demonstração de consideração e respeito, isso que é amor. Quando se submetemos a alguém, acima de tudo nós estamos respeitando Aquela pessoa a qual nos subordinamos; se submeter não pode ser entendido como uma desvalorização, mas um ato também de inteligência e sabedoria, pois daí nasce a harmonia.

Quando você não se submete, nascem as discórdias. Vocês conhecem a história de Lúcifer? Resumidamente, esse ex-Anjo não quis se subordinar e hoje é um demônio que está destinado a ficar ao lado do fogo eterno.

Você, mulher, quer tomar o mesmo rumo? Insubordinação é pecado; se você mulher não aceita essa ideia, então esqueça essa história de casamento, pois isso não é pra você. Pode ser que durante o relacionamento o homem lhe dê espaço, mas se ele não der, você mulher tem que se submeter.

Então, para concluir, perceba que nesses três requisitos a bíblia demonstra estar atualizada. Você que é homem não procure casar sem ter condições financeiras; homens e mulheres, não casem com alguém que não tem seus valores morais e religiosos; jamais casem com alguém que desrespeitou pai e mãe, pois você também será desrespeitado(a). São coisas básicas que infelizmente estão sendo ignoradas, logo deixo claro que antiquados são os que pensam de forma contrária ao que a bíblia ensina.

Redefina seus valores de certo ou errado. Não adianta nada você, por exemplo, casar com alguém que tenha boa conversa, que seja aparentemente bonito(a), mas que, no entanto, é desprovido de um ou mais requisitos aos quais já mencionamos.

Caro(a) leitor(a), quando você examina esses três fundamentos, Deus está lhe dando a oportunidade de enxergar o que há por dentro da pessoa, podendo ser algo bonito ou feio, ou seja, quais são as verdadeiras intenções dele ou dela. Neste aspecto, você se tornou onisciente como Deus, pois o Senhor está lhe dando a chance de saber o que ocorrerá no futuro.

Quando você analisa esses três itens, Deus lhe entregou a chance de se verificar o que de verdadeiro há no coração desse indivíduo, pois se você ignorar esses fatores o que você verá é só a aparência, nada mais do que isso, logo tudo não passará de uma ilusão.

A resposta de Deus já está muito bem expressa nesses quesitos, agora basta você observar quais pretendentes têm essas qualidades e orar para que ele ou ela também tenham a mesma visão e, dar em cima da pessoa, isso é claro se ela for solteira e se você realmente ainda tiver a intenção de se casar.

OUTRO QUESITO – FATOR TEMPO

O que apresentaremos mais adiante não é um quesito fundamental, mas é uma recomendação que deve ser observada, pois isto também representa um sinal de Deus. De acordo com os nossos estudos, identificamos que os casais bíblicos casaram-se em até um ano.

Logo, os leitores poderiam me perguntar: por que será que Deus orienta casar em até um ano? Ele sabe que, na prática, quase todos os casais de namorados que ficam juntos por mais de um ano acabam cedo ou tarde tendo relações sexuais, entrando assim no pecado de fornicação. Para que isso não aconteça, a orientação bíblica é que se case o quanto antes. Logo, se seu namorado está lhe propondo casamento onde este se compromete a sustentar você e possíveis filhos, isso já é um ótimo sinal.

Caso o casal esteja namorando a mais de um ano e o homem não faz a proposta, ou seja, por alguma razão fica enrolando. Então, largue essa pessoa, pois ela não é preparação de Deus. O homem que é de Deus é decidido, sabe muito bem o que quer.

Caso você, homem, faça a proposta em até um ano e ela não aceite, então ela não é a preparação de Deus. Sugiro que a largue, procure outra ou fique sozinho. As mulheres de Deus, da mesma forma, sabem muito bem o que querem, elas não ficarão em cima do muro.

Eu peço aos leitores, quando tiverem oportunidade, leiam a história de casais bíblicos, como: Isaque e Rebeca, Boaz e Rute, Davi e Abigail, Rei Assuero e Ester, vocês verão como eles sabiam perfeitamente o que estavam procurando. Quando estes resolveram se casar, não tiveram nenhuma dúvida e, saliento, a união desses quatro casais aconteceu em menos de um ano.

ADOTANDO UM PADRÃO

Acho que todos já leram uma receita de bolo, alguma vez na vida, seja por meio da internet ou por livros e revistas de culinária. Acreditamos também que todos já devem ter visto a bula de um remédio e suas recomendações.

No caso de um bolo, para que àquele prato possa sair conforme o esperado, você deve seguir com zelo as orientações previamente determinadas; se você alterar algum ingrediente, ou deixar de colocar outro, tudo pode ficar comprometido.

Quando falamos de medicamentos, os cuidados devem ser redobrados, pois a saúde de quem está dependendo deles pode ser prejudicada seriamente, logo, a pessoa medicada deve sempre tomar o remédio na ora certa e na quantidade indicada pelo médico, caso isso não ocorra não terá o efeito desejado, fora o risco de vida que a pessoa corre se tomar alguma medicação errada.

Na igreja que frequento, os namorados são orientados a casar quando atinge-se um ano; eu penso que esse tempo é mais do que suficiente para se ter uma resposta de Deus. Logicamente que o ideal, conforme os exemplos bíblicos, é que assim que Deus confirme, já se comece os preparativos do casamento.

A margem de escolha que Deus nos concede é limitada. Agora, o que o mundo nos oferece é quase que ilimitado e, por essa razão, há tantos divórcios, porque as pessoas resolveram fazer suas escolhas da maneira que mais lhes agrada e daí surgem os problemas.

<u>Em outras palavras, não foi estabelecido um padrão como a receita de bolo</u>. O ser humano simplesmente escolhe seu referencial ou então se espelha no modo de vida de outras pessoas, pois isso lhe parece mais conveniente. Infelizmente, para a grande maioria, o que a bíblia diz a respeito é algo indiferente, seja por menosprezo aos seus conselhos ou por ignorância do assunto.

Logo, o que estamos propondo é que você passe a enxergar aquilo que os olhos não veem e conteste tudo àquilo que foi referência para você até hoje, como filmes, novelas e revistas, que distorcem o conceito do certo e errado, como o do que é feio e do que é belo, e que estão lhe induzindo a tomar decisões erradas e quase sempre precipitadas.

Pedimos que comece a aceitar e assimilar os valores que estamos tratando nesse livro, que é escolher alguém que honre seus pais, tenha o mesmo credo, um conceito de ética e moral parecidos com o seu; no caso do homem, que esse também tenha um poder financeiro razoável. São coisas simples como essas, que farão total diferença para se ter um relacionamento bem-sucedido; ISSO É AMOR, é agir com a razão.

E porque dizemos que isso é amor? Adotando as referências que estamos lhe informando, você não promoverá só o amor em relação a sua pessoa, mas principalmente você está provando que tem amor ao seu próximo. Imaginemos que você pode arrumar um parceiro(a) não tendo um ou mais desses requisitos propostos pela bíblia, como você espera ser um esposo(a) agradável sem ter esses quesitos? Como você pode esperar ser uma mãe ou pai razoável sem ter essas três qualidades? Logo, é muito melhor que você fique solteiro(a), pois assim você não faz a sua vida infeliz e igualmente a do seu pretendente.

Porque, vejam bem, Deus não quer saber se você dá um bom namorado(a), ou se a pessoa que você está se relacionando acho que você é bom parceiro(a); aliás o termo namorado nem sequer existe na bíblia. Um dos objetivos de Deus é lhe dar um marido, uma esposa que possa fazer o papel conjugal que se espera dele(a).

Para Deus, não interessa se aquela pessoa que você gosta é bonito(a), é sarado(a), tem bom papo(a), é simpático(a), se é jovem ou velho. Deus não dá a mínima para isso; o que é importante para Deus é se esta pessoa está preparada para ser um bom esposo(a), se está preparada para ser um bom pai ou uma boa mãe.

O fato de você gostar e dizer que ama essa pessoa, isso não prova que encontra-se em condições de ser seu esposo ou esposa. Se esta não tiver os quesitos que mencionamos, não serve para ser seu companheiro(a) e não servirá para casar com ninguém, então não se iluda.

VAGAS PARA RECEPCIONISTA

Antes de aprofundarmos mais no assunto, gostaria que os leitores prestassem bastante atenção no anúncio de emprego abaixo, que retiramos da internet para fins didáticos. Vejamos:

"PRECISA-SE DE RECEPCIONISTA

Função:

Trabalhar em uma clínica veterinária, com atendimento telefônico, atendimento aos clientes e auxílio aos veterinários quando necessário.

Exigência:

*Necessário ter experiência em atendimento ao público, preferencialmente em clínica veterinária.

*Ensino Médio completo."

Eu pedirei agora que você leitor coloque-se no lugar do dono(a) dessa clínica, que é o provável recrutador. Vamos supor que eu, Daniel Augusto, me candidate para essa vaga. Após encaminhar meu currículo, você o analisa e verifica que eu não tenho experiência em atendimento ao público, mas eu supostamente já deveria ter tomado conhecimento desse fato, visto que isso foi exigido durante a divulgação do anúncio. Entretanto, por algum motivo eu resolvo ignorar e mesmo assim me candidato. Você ao analisar meus dados identifica que eu não tenho o perfil desejado. Logo o que você faz? Pela lógica você me dispensa.

Ao tomar conhecimento do fato, eu poderia argumentar com você para não me dispensar, porque eu não tenho experiência em atender pessoas, mas tenho potencial e vontade de aprender, poderia ser bem-sucedido nessa atividade, caso fosse me dado uma oportunidade. O leitor, então, responderia que possuir todos os requisitos é necessário. O leitor, como selecionador, não mudará seus parâmetros, porque determinado candidato discorda, não é?

O motivo que leva o selecionador a não mudar sua opinião se deve ao seguinte fato: eu sendo contratado e não tendo familiaridade nesse ramo, certamente cometeria equívocos que uma pessoa mais experiente não o faria e, logicamente, isso traria problemas para a sua Clínica – você poderia perder clientes com a minha má atuação e consequentemente rentabilidade no seu negócio. Para que isso não acontecesse, você resolve não me contratar.

Nesse caso, se eu quero realmente um dia trabalhar na sua clínica ou em alguma parecida, eu preciso fazer um curso de recepcionista ou auxiliar de veterinário, conseguir um estágio e ganhar experiência; ou então procurar emprego em outro lugar que não me exija experiência, mas que muito provavelmente irá me pagar menos em razão da falta dela. Aí sim, quem sabe um dia, volte a pleitear essa vaga na sua Clínica, isso se você futuramente promover um novo recrutamento.

Logo, o dono da Clínica (leitor) por amor que tem a si próprio e também pensando nos clientes no sentido desses receberem um tratamento adequado com a qualidade do serviço que eles estão contratando, toma a atitude de dispensar todos aqueles que não estão dentro dos padrões estabelecidos.

Veja bem, o proprietário da Clínica não estabeleceu esses quesitos simplesmente por capricho, ele assim o fez porque era necessário, conforme a necessidade do seu estabelecimento.

Agora vamos supor que no anúncio, o leitor exigisse ainda que para a vaga de recepcionista a pessoa tivesse que ser obrigatoriamente mulher e com idade de até 30 anos. Mas, logo vem a pergunta: será que tem sentido essa exigência? Será que um homem de 35 anos não poderia fazer o serviço de recepção igual ou melhor do que uma jovem de 30? Ou uma mulher de 50 anos não poderia fazer um bom trabalho? Nós acreditamos que seria totalmente possível.

Pensamos que não haveria nenhuma justificativa para fazer esse tipo de exigência. Logicamente, no anúncio o proprietário da clínica não colocou restrições de idade, gênero, porque sabe que não é necessário e, caso ele impusesse essa restrição, muita gente boa ficaria, de fora de maneira completamente injustificável.

Agora deixando esse exemplo da Clínica de lado e voltando ao assunto de namoro e casamento, nós observamos que em 99% dos relacionamentos não houve o estabelecimento de um padrão. Ou seja, quando homem e mulher se unem, estabelecem critérios pessoais que não estão amparados na bíblia, pois a bíblia não é só um livro religioso, ela traz conselhos muito importantes sobre o processo de escolha, mas que infelizmente passam despercebidos.

Por exemplo, eu tive uma namorada em 2002-2003 que me escolheu porque achava interessante o fato de eu ser uma pessoa quieta; ela me disse uma vez que eu poderia esconder um segredo, alguma coisa enigmática estaria dentro de mim – e por isso ela procurou namorar comigo. Não está inteiramente errado o que ela fez, ela poderia observar essa "qualidade", mas estabelecer isso como quesito foi totalmente errado. O que ela deveria exigir e observar é se eu honrei meus pais, se eu tinha condições financeiras para sustentá-la e possíveis filhos, etc. A única coisa que ela observou em mim naquela época e, que a bíblia também confirma, é que eu deveria fazer parte da igreja dela, ou seja, partilhar da mesma convicção filosófica religiosa.

Contudo, na maior parte da situação, a mesma utilizou-se de critérios subjetivos para fazer suas escolhas, sem maiores embasamentos e isso não poderia acontecer. Outras mulheres prefeririam homens falantes, em vez dos quietos, ou que fosse sarado (atlético), ou que tivesse olhos azuis. No entanto, a bíblia não fala nada disso, os quesitos que ela estabelece são bem diferentes do que as pessoas estão escolhendo. Por essa razão os divórcios e separações acontecem em massa. Uniões que não eram para acontecer estão acontecendo e as coisas acabam indo de mal para pior, simplesmente por escolhas malfeitas.

Veja bem, não importa se o seu pretendente em vez de ter olhos claros, tem olhos pretos; em vez de ter pele clara, tem pele escura. em vez de ser extrovertido, é mais reservado; em vez de ser magro, é gordo; em vez de ter a idade que você espera, ele seja bem mais velho; em vez de ser aparentemente bonito(a), ele(a) não o seja; em vez de ser estudado, ele(a) não seja.

Eu poderia ilustrar outras situações, mas irei me restringir a essas pois acredito que foram mais do que suficientes. O que importa é se suas referências foram baseadas nos parâmetros que Deus estabeleceu, pois essa será a razão do seu casamento ser bem-sucedido ou não. Se você fazer sua escolha conforme sua percepção limitada, as chances de fracassar são consideráveis. Agora, se você tomar como padrão a bíblia, pode ter certeza que você terá sucesso, mesmo que no princípio isso possa não aparecer. Jamais olhe para a aparência das coisas, pois isso vai lhe induz ao erro.

Resumidamente, quando um casamento termina pode ser por duas razões. Primeira: Escolha malfeita do cônjuge; segunda: Você pensa que o casamento é uma coisa e na prática é outra. Ou seja, um ou ambos entram no matrimônio com definições erradas do que é o casamento, achando que é uma coisa e na realidade é outra. E quando uma dessas coisas ocorre gradativamente o relacionamento vai por água abaixo.

Há algum tempo atrás, fui ao supermercado acompanhado de minha mãe, na região onde moro, e era uma época de Natal. Aquele local estava lotado de gente, principalmente nos caixas. Tinha um quiosque ali por perto e resolvi tomar um suco de maracujá, enquanto minha mãe fazia as compras, pois o dia estava quente.

Eu fiquei numa posição que podia observar perfeitamente o estacionamento desse supermercado, vendo quando os carros chegavam e saiam. Não demorou muito, entrou um fusca todo reformado fazendo um barulho bem esquisito, demonstrando que além de antigo estava com algum problema no motor, mas, mesmo assim, aos trancos e barrancos o veículo se locomovia como podia.

Após estacionar em uma das vagas, saiu o motorista e uma jovem que deveria ter aparentemente seus 21 para 22 anos. Essa jovem ao sair do carro, tomou a dianteira de seu companheiro, com duas crianças, uma de colo e um menino andando, que deveria ter por volta de dois anos. Depois o pai, um jovem que aparentava ter seus 23, os seguiu.

Mais tarde, assim que voltaram de fazer as compras, começaram a entrar no carro. Vi a dificuldade que eles estavam tendo para acomodar as crianças, pois o carro estava em um estado precário. As portas do veículo mal se seguravam sozinhas, da mesma forma os bancos. Olha, se eles conseguissem vender o automóvel por um preço de R$ 700,00, acho que conseguiriam fazer um ótimo negócio, pois não acredito que ninguém com bom senso daria um valor maior por aquele veículo.

Foi visível que esse casal tinha dificuldades financeiras, mesmo que não fosse nada tão grave, mas que eles estavam passando por privações, isso ficou mais do que evidente. Fiquei com dó do casal e principalmente dos seus filhos, contudo, naquele momento me ocorreu o seguinte pensamento, eles escolheram viver dessa maneira; logo meu sentimento de compaixão foi me deixando aos poucos.

Enquanto via aquelas cenas, Deus me trouxe uma história que aconteceu no livro de Gênesis, com um homem chamado Abraão. Abraão era casado com uma mulher chamada Sara e esta faleceu com 127 anos. Alguns anos depois, quando Abraão tinha 140 anos, ele resolveu casar novamente, desta vez com uma mulher chamada Quetura, que provavelmente deveria ter na época aproximadamente 50 anos, visto que a bíblia não nos apresenta a idade exata. Mas, presume-se, em razão dos seis filhos que ela teve com Abraão após o casamento, que ela não deveria ter mais do que isso.

A diferença de idade entre Abraão e Quetura era no mínimo de 90 anos, ou seja, uma diferença bem grande, que para época possivelmente não tinha relevância alguma. Agora, fazendo uma comparação entre esse casal do estacionamento e Abraão na avaliação bíblica, o que essa jovem fez ao se unir a esse moço foi algo sem cabimento algum. Porque era visível que ele não dispunha de estrutura econômica para sustentar uma família com dignidade. O carro deles é um reflexo da situação social que eles vivem. Jamais ela poderia ter escolhido esse jovem como seu parceiro, pois ele não tem condição de ser esposo dela, como de ninguém, e muito menos de ser pai.

Quando ela fez a escolha, deveria ter usado mais a razão do que a emoção, e ele também jamais poderia pensar em casamento sem ter de onde tirar o sustento; foi uma decisão impensada. Vamos supor que, em vez de escolher esse jovem, ela escolhesse um homem com 45 anos, que fosse solteiro, é claro, mas tivesse uma boa condição econômica. Vocês não acham que ela teria uma vida muito melhor do que tem hoje?

Eu não tenho dúvidas que ela teria, entretanto, o fato é que ela preferiu optar por suas convicções pessoais e deixou a razão de lado. Eu tenho certeza que a maioria dos leitores poderia falar que trocar um jovem de 23 por um homem de 45 é um tanto absurdo, mas vocês observaram o exemplo de Abraão e Quetura. Apesar de ele ser muito mais velho, Deus aprovou esse relacionamento. Além disso, o fato dele ser idoso, não quer dizer que seja desprovido de vigor, pois ele acaba tendo seis filhos com Quetura, ou seja, parece que ele ainda tinha bastante energia para oferecer.

Logo, você, mulher, perceba que absurdo não é casar com um homem que é bem mais velho, absurdo é casar com alguém com pouca condição econômica. Nós vemos que se esse jovem de 23 anos amasse realmente a companheira, jamais iria se casar ou amigar-se; se ele a amasse, falaria: <u>procure alguém que possa oferecer-lhe uma vida boa para você e seus filhos, como você merece.</u> E se ela o amasse verdadeiramente, diria: procure estudar, qualificar-se, ter uma profissão que permita você manter uma família com dignidade, para que sua esposa e filhos não passem privações. Porque a essência do amor está baseada na racionalidade e não no sentimentalismo.

Porém, já falando de uma maneira generalizada, a cultura mundana vai falar o seguinte para você, leitora: se ele é jovem, bonito, tem bom papo, é descontraído, você deve se entregar a ele e não àquele sujeito que é feio, barrigudo, calvo, velho para sua idade. O comportamento das pessoas no seu círculo social muito provavelmente será esse também, porque desconhecem a orientação bíblica, então, tome cuidado! Os filmes, novelas, séries, da mesma forma, não vão deixar de sugerir para adotar esses referenciais erráticos, ainda que de forma indireta.

A Bíblia não diz que o homem ideal deve ser sarado, loiro de olhos claros, jovem ou rico, isso é tudo enganação. O que a bíblia fala é que ele tem que ter condição financeira, a mesma convicção filosófica religiosa e, principalmente, que tenha honrado pai e mãe, porque se ele não honrou seus pais ele não honrará a esposa também.

Eu acredito que Abraão além de calvo, enrugado e, quem sabe, até barrigudo, era certamente muito barbudo em razão do costume da época – mesmo assim, Quetura se entregou a ele, porque o conceito que ela tinha de bonito foi baseado provavelmente naqueles três pilares que mencionamos anteriormente e, assim, por ter seguido a orientação de Deus, foi muito bem-sucedida, já que Abraão foi um homem exemplar ao amá-la, provendo de tudo que ela precisava.

Também no velho testamento, mas em um período histórico diferente, havia um homem hebreu que por sua vez era sacerdote, este zelava pela guarda da arca da aliança, esse objeto era um tipo de baú sagrado, onde se guardava as tábuas dos dez mandamentos que Deus pessoalmente entregou a Moisés, após passagem pelo mar vermelho. Esse sujeito chamava-se Eli. Contudo, ele e seus filhos não andaram de acordo com as orientações de Deus, por essa razão, por meio de uma batalha que os filisteus promoveram contra os hebreus, a arca acabou sendo levada, e consequentemente Eli e seus filhos foram mortos no conflito.

Mais tarde os filisteus levaram a arca para uma região chamada Asdode e colocaram a mesma no templo de Dagom (deus dos filisteus). No dia seguinte, algumas pessoas, ao entrarem naquele recinto, constataram que a estátua de Dagom estava caída, rosto em terra bem em frente da arca. Levantaram a estátua e a colocaram no lugar. Na madrugada do dia posterior, o povo foi ao templo e dessa vez observaram que além de estar com o rosto em terra, a cabeça e as mãos de Dagom estavam seriamente danificadas.

Após isso, os filisteus resolveram levar a arca para outras cidades, procurando resolver o problema, mas a cada lugar em que deixavam a arca, o povo daquela localidade era terrivelmente acometido por tumores e infestações de ratos, e muitos morreram por causa dessas pragas. Quando eles virão que algo anormal estava ocorrendo, associaram os fatos com o Deus de Israel. Constataram que este ser era muito mais forte do que seus deuses. Mais tarde, devolvem a arca para os hebreus (israelitas) de forma pacífica, como se estivessem pedindo uma trégua, pois eles já não aguentavam mais de tanta desgraça.

Os leitores talvez estejam questionando o que essa história tem a ver com relacionamento amoroso. Se você conseguir ter uma visão espiritual para este fato, verá que tem tudo a ver, pois queremos mostrar que seu interesse deve estar sintonizado com o interesse de Deus, suas referências deve ser a mesma de Deus.

Vamos explicar: ainda que você goste de uma pessoa que tenha características que lhe agradem, como, por exemplo, ter boa aparência, ser simpático, ter bom papo, etc... esse pretendente pode muito bem não ter o perfil para ser um bom esposo e um bom pai, conforme as orientações bíblicas. E você pode perceber verificando se a pessoa tem aqueles três requisitos mencionados anteriormente.

Quando às coisas não são de Deus, acontece àquilo que aconteceu com os filisteus, de pouco em pouco tudo vai dando errado, até chegar ao ponto que não dá mais. Quando os filisteus verificaram que a cabeça e as mãos da estátua estavam quebradas já deveriam ter o bom senso de devolver a arca para os israelitas. Demoraram demais, quando perceberam do erro já era muito tarde, muita coisa de ruim já havia acontecido. Quer dizer, faltou percepção.

Mas, vejam bem, Deus apresentou sinais mostrando que alguma coisa mais séria estava para acontecer, mas não deram atenção e logo tiveram o castigo que mereceram. Eu até acredito que, hipoteticamente, se os filisteus reconhecessem o Deus de Israel com único Deus, possivelmente, a arca ficaria com eles e estes não pereciam por pragas, mas infelizmente não foi isso que ocorreu.

Então, não haja como os filisteus, se aquela pessoa não tem o perfil previsto pela bíblia, não tente ter um relacionamento. Ainda que essa pessoa lhe agrade. Afaste-se, procure outro(a). Quando você se casa com alguém que não tem perfil ou não está preparada para ser seu cônjuge, é como se aqueles tumores que atacaram os filisteus viessem sobre você.

Por exemplo, eu sou Protestante, mas se eu passo a gostar de alguém que é Espírita e quero casar com ela, tem alguma coisa errada, ainda que esta seja eventualmente uma pessoa jovem, bonita e com bom papo, eu tenho que reconhecer que não serei um bom marido para ela, se me casar com ela, o meu futuro será semelhante aos filisteus.

Não era porque os filisteus militarmente eram mais fortes, que eles estariam aptos a guardar a arca. Eles acabaram fazendo essa interpretação, mas, como viram, foi uma decisão bastante precipitada. Traduzindo para o relacionamento, não é porque um homem tem ótima lábia e que seja atraente, é que ele passa a reunir condições para ser esposo de alguém. Isso é pura ilusão. Concluindo, adote os padrões que a bíblia sugere, foque-se nisso para que você seja bem-sucedido.

CAPÍTULO 3

SEU AMOR PODE TER SIDO CONSTRUÍDO SOBRE A AREIA

Certa vez Jesus contou a seguinte parábola, em Mateus capítulo 7 versículo 24 ao 28, vejamos:

"'Portanto, quem ouve estas minhas palavras e as pratica é como um homem prudente que construiu a sua casa sobre a rocha. Caiu a chuva, transbordaram os rios, sopraram os ventos e deram contra aquela casa, e ela não caiu, porque tinha seus alicerces na rocha. Mas quem ouve estas minhas palavras e não as pratica é como um insensato que construiu a sua casa sobre a areia. Caiu a chuva, transbordaram os rios, sopraram os ventos e deram contra aquela casa, e ela caiu. E foi grande a sua queda'. Quando Jesus acabou de dizer essas coisas, as multidões estavam maravilhadas com o seu ensino".

Agora nós vamos analisar a letra de uma música cujo título é <u>Amor Incandescente,</u> da dupla Zezé Di Camargo e Luciano.

Seu amor é feito água

Escorrendo pela vida

Escapando entre os meus dedos

Com um cheiro de partida

Como a chuva ele molha

E alaga o meu peito

Feito um rio em correntezas

Navegando no seu leito

Seu amor é como fogo

Feito tocha de balão

Vai queimando tudo em volta

Queima até meu coração

Põe mais lenha na fogueira

Arde mais que ferro quente

Quero as lavas do vulcão

Desse amor incandescente

Seu amor me faz bem

Não fuja de mim não

Sou feliz assim, você manda em mim

No meu coração

Seu amor me faz bem

Não fuja de mim não

Tá no seu olhar, tá no meu olhar

A nossa paixão

Seu amor é feito ar

Transformado em ventania

Vem soprando meu amor

Me trazendo alegrias

Tem a força de um ciclone

Leva tudo que encontrar

Esse amor rodamoinho

Faz meu coração voar

Quando você termina de ler essa letra, fica evidente que seja quem for que compôs a música, estava falando do amor Eros que, como já falamos, é algo passageiro que, porém, pode ser forte. Todos os ouvintes dessa canção e, me estendo aqui a todos aqueles que apreciam outras canções românticas, acabam tendo uma visão errática do que é amor, pois o amor não se resume ao Eros.

Então, fazendo uma comparação com a parábola de Jesus chamada Erguida, sobre uma rocha, é como se o casamento fosse a casa, quando este é construído estando em cima da bíblia/evangelho, simbolizado aqui pela rocha, ele permanecerá. Agora, quando um casamento é construído sobre a areia (Eros), ou seja, um terreno que não oferece nenhuma firmeza, cedo ou tarde desmoronará, pois, seu alicerce é fraco.

Todo casamento, para ser duradouro, precisa do Ágape, caso contrário ele não resiste. Logo, muito cuidado com o que vocês estão ouvindo, pois são músicas assim que induzem as pessoas a tomarem decisões precipitadas, já que elas se baseiam em emoções e não na razão. Vamos aproveitar a ocasião, e não deixar de citar outros tipos de mídias que induzem as pessoas ao erro. Observem as fotos a seguir:

Capas dos Livros de Erika Leonard James, "Cinquenta Tons de Cinza", e de Leisa Rayven, "Meu Romeu".

Você já viu um aquário? Todo aquário normalmente tem alguns corais, peixinhos, plantas, não é mesmo? Agora imaginemos um rio como o Amazonas, que em extensão é o segundo maior do mundo e o primeiro em volume de águas, onde existem milhares de animais e plantas vivendo submersos naquele ambiente.

Os filmes de amor, livros de romance, músicas românticas, novelas, revistas e coisas do gênero representam aqui o aquário, elas fazem do amor algo tão pequeno que a sua abrangência limita-se as paredes do amor Eros. As criaturas que vivem ali, sempre vão achar que a existência consiste naquele pobre local, que para elas naturalmente pode não o ser pequeno, visto que ainda não conhecem o rio Amazonas. Até acredito que elas se sintam bem naquele ambiente limitado, de quatro paredes, visto que entendam que a existência se limite a este pequeno espaço.

Agora, peguemos um peixinho de um aquário e o coloquemos no rio Amazonas, ele conhecerá um mundo totalmente diferente e incomparavelmente maior. Os livros de romance, novelas e revistas estão distorcendo toda à realidade e acabam sendo bastante destrutivos, pois eles não estão ensinando nada e ainda colocam o amor Eros com sendo o TUDO, não sabem discernir o Ágape do

Eros. Aliás, os cantores seculares, escritores romancistas, produtores e roteiristas de filmes que tratam de romance não sabem o que é o Ágape. Eles nunca saíram desse aquário e, digo de passagem, todos aqueles que assistem, leem ou ouvem suas obras, serão como eles, ignorantes.

Ainda que o trabalho deles possa lhe oferecer algum entretenimento, de conhecimento não lhe traz absolutamente nada, aliás, geralmente o que essa cultura mundana traz é a perversão dos valores de ética e moralidade que o evangelho tem nos deixado. Por exemplo, é normal nas novelas haver personagens que fazem sexo antes do casamento, outros cometem adultério, uns querendo prejudicar outros, tudo isso é obra de satanás e seus demônios.

Não pensa que o diabo só anda por aí de maneira perceptível, com chifres, rabo e tridente, atuando no meio de ladrões, traficantes de drogas, presidiários, políticos corruptos etc. Muito pelo contrário, ele está também mais presente nas novelas, na maioria dos filmes, séries, composições musicais, shows, literatura, teatro etc, orientando discretamente seus produtores a fazerem obras que afastam as pessoas de Deus, ensinando outros valores.

O evangelho nos conta que, em uma determinada ocasião, o diabo chegou-se a Jesus e lhe apresentou todos os reinos do mundo e realmente estava disposto a entregar tudo, caso Jesus se ajoelhasse e o adorasse como Deus. Acredito que a maioria já conheça o fato e presumo que os leitores já devam saber que Jesus não o reverenciou. Vejamos:

"Novamente o transportou o diabo a um monte muito alto; e mostrou-lhe todos os <u>reinos do mundo, e a glória deles</u>.
E disse-lhe: 'Tudo isto te darei se, prostrado, me adorares'".
(Mateus 4:8,9)

Quer dizer, os atores, atrizes, cantores, poetas, romancistas e roteiristas estão todos no reino de satanás e não é pelo fato de se encontrarem ali que estas são agora pessoas ruins, pelo contrário, podem ser gente agradável, porém não andam de acordo, pois se andassem não produziriam o lixo que publicam. E quando falo lixo aqui, não é sobre a qualidade do trabalho feito, mas lixo no sentido de que estes não agregam valor nenhum para seus apreciadores, ou seja, não levam ninguém a nada; é lógico que há exceções, mas infelizmente é assim na maioria dos casos.

Mas, o que queremos enfatizar nesse exemplo, é que esses reinos de satanás existem até hoje e lá as pessoas estão ganhando a vida; lá as pessoas têm relações antes do casamento; lá há adultério, lesbianismo, pederastia; lá as pessoas bebem, fumam e se drogam; lá as pessoas mentem, falam mal um dos outros, xingam; lá as pessoas compram e não pagam; lá as pessoas acumulam riquezas; lá até existem igrejas que por vez não estão falando do amor Ágape. Lá existem peças de teatro, livros de romance, filmes e novelas que são poderosos instrumentos do diabo, destruindo de pouco em pouco a vida das pessoas.

Aliás, o diabo foi um anjo muito bonito, sabiam? Porém, quando ele perdeu sua posição e foi expulso dos céus, este não tinha mais como atingir Deus, logo, para se vingar, ele sempre procurou usar os seres humanos, porque quando o homem/mulher pecam, indiretamente eles estão atingindo a Deus. Por meio desses lixos culturais, ele influência o comportamento de muitos a agir conforme o que a bíblia não recomenda e, assim, levando estes a fazer parte de um de seus muitos reinos, onde a regra principal é ignorar a Deus e todas suas orientações.

Quero que percebam que o conceito de amor que essas produções culturais nos passam é totalmente diferente daquele a qual a bíblia ensina, é só avaliarem a definição que o apóstolo Paulo nos deixou para amor, é algo bem paradoxal. Então, quando se compreende o que é o amor Ágape e o colocamos em prática, nós estamos no rio Amazonas, ou seja, a nossa percepção das coisas se ampliou enormemente.

Logo, liberte-se desse aquário feito pelos cineastas, escritores romancistas, dos músicos seculares, dos novelistas, pois o que estes oferecem para vocês é só o amor Eros, ou seja, uma visão de amor distorcida e muito superficial. Infelizmente, a maioria das pessoas nascem, vivem e morrem nesse aquário. Você quer ser mais um a terminar com essa mentalidade onde o que predomina são os valores do mundo e não o de Deus? O aquário abaixo pode até parecer bonito, mas quem está dentro dele vive uma realidade bem distante do que deveria ser, em outras palavras, muito aquém do verdadeiro amor de Deus, que é o Ágape.

Trecho do Rio Amazonas

CAPÍTULO 4

ASPECTO CULTURAL

Eu estava vendo uma reportagem em 2010 feita na África do Sul, onde estava sendo realizada a copa do mundo de futebol; o jornalista brasileiro que estava cobrindo o evento fugiu um pouco do cenário esportivo e aproveitou aquela oportunidade para fazer uma matéria sobre a comida africana, mais especificamente sobre carnes.

Ele foi até um restaurante local e mostrou que os sul-africanos costumam comer carne de antílopes, crocodilo, zebra e até hipopótamo. Logo que vi, fiquei surpreso com a ideia de haver pessoas que se alimentam desses tipos de animais, contudo, fui percebendo que isso é mais do que natural naquele lugar e, se eu fosse um africano, era isso o que eu comeria no meu dia a dia.

Depois disso, entrei mais afundo no assunto e verifiquei que o sul-africano, quando o assunto é iguarias, eles não têm o hábito de comer frango, porco, vaca como nós brasileiros, eles até que comem, mas com bem menos frequência. Logo, se um dia você precisar morar por ali, deverá se adaptar ao cardápio da região. Eu percebi que os estrangeiros que estavam ali, comendo esse tipo de carne, estavam gostando e elogiavam a qualidade da comida, apesar de ser diferente, pois visivelmente eram mais nutritivas e saborosas.

Então, vejam que os seres humanos são levados a adquirir determinadas preferências por fatores culturais que são passados para nós durante o nosso crescimento. Quando nos mudamos para outro ambiente, como nesse caso, certamente nossos hábitos serão modificados; a culinária, como viram, foi uma dessas modificações.

Nós trouxemos esse exemplo, pois queremos mostrar que o indivíduo adquire determinados gostos e preferências em razão do meio que ele foi criado e também devido à herança cultural que recebeu. Quando falo meio, é o nosso círculo social, as escolas, faculdades que frequentamos, nosso trabalho, etc; quando falo herança quer dizer a educação, instrução, ou seja, todo conhecimento que nossos pais, avós, procuraram nos passar.

Se você não foi estimulado a comer carne de zebra, provavelmente você jamais gostará. Agora, se você tiver um dia a oportunidade de comer esse tipo de carne, como aquele jornalista, talvez você venha a gostar, ou seja, basta você ser estimulado. Infelizmente não se adquiriu a mentalidade de se admirar e cultivar outros tipos de experiências, logo aquilo que é diferente para a ser visto como algo estranho.

Então, nos dias de hoje escolhe-se o companheiro(a) por fatores emocionais e principalmente culturais, que já existiam antes que viéssemos ao mundo. Sendo assim, por essas circunstâncias, você, leitor, já estabeleceu um preconceito do certo e errado com base na sua percepção limitada.

O que estamos querendo é que você deslumbre outros horizontes e, assim, descubra que sua decisão se não estiver amparada na bíblia, não será a mais sensata. Esses três requisitos podem lhe soar estranhos nos primeiros momentos, mas você precisa fazer que eles se tornem muito comuns em sua vida, porque senão você pode tornar-se mais um divorciado.

Observem os versículos abaixo que apoiam nossa proposta, onde Deus traz uma revelação ao apóstolo Pedro:

"Eu estava na cidade de Jope orando; caindo em êxtase, tive uma visão. Vi algo parecido com um grande lençol sendo baixado do céu, preso pelas quatro pontas, e que vinha até o lugar onde eu estava. Olhei para dentro dele e notei que havia ali quadrúpedes da terra, animais selvagens, répteis e aves do céu. Então ouvi uma voz que me dizia: 'Levante-se, Pedro; mate e coma'. Eu respondi: 'De modo nenhum, Senhor! Nunca entrou em minha boca algo impuro ou imundo'. <u>A voz falou do céu segunda vez: 'Não chame impuro ao que Deus purificou'</u>". Atos 11:5-9

Logo, quero que percebam, se Deus quer que você case com Mariazinha ainda que você não a ache bonita, você deve casar com a mesma ou então que se procure uma mulher que tenha o perfil dela. Nada de dizer ou pensar que aquela pessoa é feia, gorda, introvertida e assim por diante. Porque se a Mariazinha ou Joãozinho é a sua preparação, você não tem nenhuma justificativa para rejeitá-la(o). Assim como estava fazendo o apóstolo Pedro, não rejeite o que Deus confirmou. Pedro trazia em sua mente um preconceito, uma ideia anteriormente estabelecida, do que era puro e do que era impuro. Mas, como ele tinha amor por Deus, ele fez aquilo que o Senhor determinou, rejeitando seu próprio ponto de vista.

Continuando nessa parte da culinária, acredito que é de conhecimento de todos que para se ter uma vida saudável devemos nos alimentar de frutas, legumes e toda variedade de verduras, além de tomar muita água. É aconselhável que evitemos alimentos industrializados, a fim de conservarmos o nosso bem-estar. Eu, por exemplo, gosto muito de doce de leite, no entanto, sei que este tipo de alimento não é nada nutritivo, mas, mesmo assim, eu compro de vez em quando, porque é gostoso. Eu reconheço que em vez desse alimento, eu poderia comer algumas laranjas, berinjela ou espinafre.

Contudo, eu pouco gosto de espinafre, no entanto, sei que é um alimento muito saudável.

O correto é que eu deixasse o doce de leite para trás e me habitua-se a comer mais vegetais. Pois, com o passar do tempo, os alimentos naturais irão me trazer muito mais benefícios do que os industriais, como refrigerantes, macarrão, o pão, etc.

Então, no relacionamento entre homem e mulher, ocorre algo muito semelhante. Muitas vezes a pessoa se apaixona e casa com alguém, mas esse alguém é um doce de leite, ou seja, a princípio ele parece ser algo muito bom, mas gradativamente vai se percebendo que tal pessoa não irá lhe trazer benefício. Ou seja, o que é prazeroso, o que lhe atrai, o que enche os teus olhos, pode ser algo prejudicial no decorrer do tempo.

Você precisa saber selecionar, isso não é algo difícil, muito pelo contrário. Observe, como já dito anteriormente, se a pessoa que você está interessado(a) honrou seus pais, veja se esta possui a mesma convicção, filosofia, objetivos e especialmente a mesma religião que a sua. Observe se esta respeita seus valores, seus ideais, seu estilo de vida. Se ainda não descobriu isso, conheça a pessoa indo atrás de seus familiares, pergunte como foi esse indivíduo. O melhor método para se conhecer bem seu pretende, é analisando seu histórico, ao questionar seus parentes. Porque, se ele ou ela foi ruim ou ficou abaixo da expectativa, certamente com você será a mesma coisa. E logo pergunto você quer conviver com alguém assim? Sua paixão por ele ou ela não fará com que essa pessoa tenha as qualidades de um bom marido ou bom pai, isso é ilusório.

Vamos fazer aqui mais uma comparação, eu como dito, aprecio muito doce de leite, mas o meu sentimento, ou seja, o meu gosto não fará com que esse alimento se torne nutritivo. E mesmo que eu orasse a Deus pedindo para que isso acontecesse, certamente Deus me falaria o seguinte: eu não farei nada, pois em vez de comer isso, você pode comer alface, banana, couve-flor etc, comida saudável que eu mesmo criei para vocês seres humanos.

Então, veja bem, Deus não determinou para que a terra produzisse só uma banana, muito pelo contrário, existem milhões de bananeiras espalhadas por todo o mundo, assim como existem muitas fábricas que produzem doce de leite. Ele nos deixou bastante opções. Cabe a nós decidirmos o que vamos querer, esse que é o livre arbítrio.

Por exemplo, quando você mulher escolhe um homem que ganha mal e que não tem condições financeiras para manter uma família, ela está escolhendo um doce de leite, pois no momento do namoro ele pode aparentemente ser muito agradável, mas com o passar dos meses e anos, perceberá que essa pessoa não reúne as condições necessárias para ser um marido/pai e ali já será tarde.

Quer dizer, você leitora, pode ter a intenção de se entregar para o "Fulano de tal", pode ser até que você me diga que ame esse homem, entretanto se ele for mais um doce de leite, seus sentimentos não irão lhe adiantar nada.

Então, você mulher, você homem, aprenda a gostar de pessoas que tenham perfis adequados, ou seja, que estes possam representar frutas/legumes que lhe acrescentarão coisas positivas para a sua vida e na de seus filhos também. Ainda que a princípio o mesmo(a) não lhe seja interessante, <u>contudo será de sua responsabilidade fazer com que seja.</u>

Assim como eu não aprecio espinafre, se eu quero ter uma vida realmente mais saudável é minha obrigação fazer com este e outras verduras se tornem mais interessantes. Não crie suas expectativas no doce de leite, pois ele não terá as qualidades de uma cenoura ou um pepino. Assim, finalizemos esse capítulo pedindo aos caros leitores que, no pertinente a suas escolhas sentimentais, modifique sua mentalidade do que é certo e do que é errado, se adapte aos planos de Deus e não as suas convicções pessoais.

<h1 align="center">CAPÍTULO 5</h1>

POLÊMICA

Nesse tópico falaremos de um assunto mais complicado e polêmico; sei que muita gente não gostará, mas é fundamental tratarmos disso, visto que, se não comentado, futuramente você pode cometer algo que a bíblia o condene. Além disso, eu já presenciei um divórcio dentro da igreja que frequento por causa de uma situação assim, que poderia ter sido resolvida antes e até durante o casamento, mas que, infelizmente, acabou sendo negligenciada, tendo o desfecho que teve simplesmente por falta de conhecimento, compreensão e diálogo.

Todos que pretendem casar devem ter interesse por sexo, se por caso você não está interessado(a), então acho melhor ficar solteiro(a), porque no seu caso casamento só daria certo se seu parceiro(a) igualmente não tivesse interesse.

Ao casar e vindo posteriormente o ato sexual este deve ser realizado sempre entre pênis e vagina. Se a mulher ficará de quatro ou se ela cavalgará isso não importa; se vão fazer de lado, ou se vão fazer no chuveiro, em cima da mesa da cozinha, sei lá, poderia citar outros locais e outras posições, mas presumo que os leitores já devem ter entendido onde queremos chegar. A posição sexual não é levada em consideração em termos bíblicos, desde que seja entre Pênis e Vagina.

Porque, vejam bem, imaginem um casal onde um é gordo e outro magro, pode ser que eles tenham que procurar uma posição que fique mais fácil se acomodar, ou se ainda um for mais alto e o outro bem mais baixo. Os corpos dos homens e mulheres, principalmente aqui no Brasil, devido à variedade de raças e a miscigenação da população, possuem biotipos um tanto que diferentes, comparando com outros países. Nosso somos um povo bem heterogêneo. Então há casais que fisicamente não são parecidos. É mais do que normal que se procure outros posicionamentos com o intuito de facilitar a relação. Cada casal deverá procurar uma posição onde ambos possam ficar mais à vontade.

Não existe uma regra bíblica dizendo que essa ou aquela é a posição correta, eu desafio algum Pastor, ou Padre ou qualquer outro líder religioso que entenda de Bíblia a me dizer qual a posição que José e Maria (Pais de Jesus) faziam sexo? Qual posição que Abraão e Sara faziam sexo? Que posição o apóstolo Pedro praticava com sua mulher? Os textos bíblicos não nos trazem referência alguma. Não existe nenhuma passagem bíblica relatando como os casais que são citados nesse livro sagrado faziam sexo – lembrando que o sexo permitido pela bíblia é Pênis e Vagina.

No livro de levíticos do velho testamento, capítulo 18, Deus comenta sobre os diversos pecados sexuais que os cananeus (pagãos) estavam cometendo. Deus enumera uma quantidade considerável de situações relacionadas a esse assunto, entre elas: bestialismo, homossexualismo, sexo entre parênteses, relações estas que o desagradavam, contudo em nenhum momento ele falou de posição. Igualmente, no novo testamento, não há nenhuma evidência que nos faça acreditar que o Senhor esteja em desacordo com esse tipo de procedimento.

Então, não tenha receio de procurar posições que facilitem o ato sexual, isso não é pecado, isso não é errado, se fosse certamente que Deus teria comentado. Agora vamos falar especificamente sobre o sexo ilícito o qual a bíblia condena.

Começarei fazendo-lhes um questionamento? Por acaso vocês já presenciaram alguma vez um pássaro, um tigre, um jacaré ou qualquer outro animal, onde no ato da cúpula, o macho introduziu o órgão na boca da fêmea, ou se a fêmea fez a mesma coisa? Por acaso você já viu um hipopótamo introduzir seu pênis no ânus da fêmea? Em qualquer espécie animal eu nunca vi nada assim. E olha que desde criança aprecio e costumo assistir bastante programas relacionados ao reino animal e não vi nada parecido!

Bom, isso não acontece por que é do contrário a natureza, ou seja, os animais não praticam tal comportamento, pois não é natural. Eu já vi no YouTube um vídeo onde leões machos faziam sexo entre eles, porém nesse grupo não havia fêmeas. Bem, mais ainda que houvesse, o leão não tem o discernimento de homossexualidade. Ou seja, um animal não sabe a diferença entre homossexualidade e heterossexualidade. A definição dele do certo e errado é bem diferente da nossa. Quer dizer, o animal não sabe o que é ser macho e o que é ser fêmea, contudo mesmo neste caso dos leões esse tipo de acontecimento é raro.

Quando os seres humanos praticam sexo anal e oral, isso representa um <u>antinaturalismo</u>, assim como, são também a homossexualidade, a masturbação, pedofilia e zoofilia. Mas, especialmente o lesbianismo, pederastia e pedofilia <u>são consequências do amor Eros</u>, pois, como dissemos anteriormente, o Eros está baseado na emoção e não na razão. Cito também o adultério - - pecado este que também é resultado do amor Eros.

O amor Eros não respeita a natureza das coisas e tão pouco observa os conselhos de Deus. Se àqueles pessoas tivessem o amor ágape Ágape nunca iriam praticariam a homossexualidade trairiam seus parceiros, porque se estas realmente amassem a Deus, que as criou e a seu próximo, que neste caso é o cônjuge, não iriam fariam tais coisas.

Além disso, voltando na conjunção carnal, já é comprovado cientificamente que o sexo anal e oral são prejudiciais para saúde do seu cônjuge, especialmente para as mulheres. O ânus e a boca não foram projetos para isso; eles possuem funções específicas no organismo, logo não foram destinados para tal coisa.

Resumidamente, se você ama a Deus e também seu parceiro, você evitará de qualquer maneira a prática desses atos, ainda que seja agradável. Agora se você não ama, continue praticando... mas fique sabendo que um dia Deus irá lhe cobrar.

"Continue o injusto a praticar injustiça; continue o imundo na imundícia; continue o justo a praticar justiça; e continue o santo a santificar-se". <u>Apocalipse 22:11</u>

DIVORCIADOS

Entrando na parte de adultério – caso você se interesse por alguém que já foi casado além de observar os três fundamentos que já colocamos, você fica obrigado a tomar conhecimento do motivo que levou a separação.

Se este divórcio ocorreu por incompatibilidade, o seu casamento com essa pessoa não pode acontecer, isso, é claro, se você realmente acreditar na bíblia. Você só pode casar, se o seu pretende foi traído, caso contrário não.

Vou dar-lhe um caso prático que ocorreu comigo. Eu tinha uma namorada, vou chamar aqui de "Fulana", que é da minha igreja e está resolveu se separar de mim. Na época eu não concordei, mas logicamente que aceitei a posição dela. Em menos de um mês, ela se envolveu amorosamente com um jovem da nossa igreja chamado "Fulano", que já tinha um filho e já estava divorciado. Mesmo após separarmos, eu continuei algumas vezes amistosamente conversando com ela por e-mail, então, em uma dessas vezes ela me disse que a ex-mulher dele o havia o traído.

Eu falei: perfeito, Fulana, então peça a direção de Deus e case com esse moço, pois não há nada que impeça seu casamento, só que ela não resolveu casar e mais tarde também o largou. Naquela ocasião, eu comecei a explicar-lhe algumas coisas antes dela terminar definitivamente com esse sujeito, pois eu presumia que mesmo estando na igreja, ela desconhecia determinados fatos e penso que isso sirva para vocês leitores também.

<u>Se você quer casar com alguém divorciado, você tem o dever de saber exatamente o porquê do divórcio, ou seja, entrar nos mínimos detalhes.</u> Voltando ao assunto do Fulano com esta Fulana, supondo que a ex-mulher o procurasse pedindo-lhe perdão, dizendo que estava arrependida – ele como cristão teria a obrigação de perdoá-la.

Na possibilidade do casamento entre fulano e fulana estar marcado, teria que ser cancelado. Mas, caso o fulano ignorasse o pedido de sua ex-esposa e casasse com a fulana, na hora que este cometesse algum pecado e precisasse do perdão de Deus, o Senhor utilizará o mesmo critério que ele utilizou com sua ex-esposa e não irá perdoá-lo.

<u>O que diz a oração do Pai Nosso? Perdoe os nossos pecados assim como nós perdoamos àqueles que nos tem ofendido, ou nossos devedores para os que são protestantes</u>. Então, se a pessoa não é capaz de perdoar, Deus também não poderá lhe perdoar, é simples assim.

E, mais uma coisa, neste caso que apresentei, que foi só para ilustrar uma situação que acontece por aí afora com muitas outras pessoas, o rapaz teria que pagar pensão alimentícia para a ex-mulher em razão do filho, quer dizer, este ao casar com Fulana e tendo mais filhos, terá arcado um compromisso financeiro considerável, sendo que na época ele estava desempregado.

Francamente, foi a coisa mais idiota que eu presenciei uma mulher fazer, não que ela seja uma idiota, não é isso que estou querendo dizer, mas que a atitude dela foi totalmente descabida, isso ficou evidente, pois ficou claro que ela não consultou a Deus.

Ela estava procurando sarna para se coçar e quase encontrou o que queria. Acredito que ela tenha refletido no que eu falei e viu que ele não tinha condição econômica para lidar com esse tipo de responsabilidade.

O casamento foi feito para durar até a morte de um dos dois, se a pessoa lhe traiu, não saia procurando outro(a), veja se ela se arrependeu, veja se ela quer se reconciliar – se ela estiver interessada, dê a oportunidade, mostre que você tem amor por ela e, o mais importante, consulte a Deus, pois este abomina o divórcio, mesmo em casos de adultério. Se você realmente ama, você irá respeita a posição de Deus, mesmo que esta não lhe agrade, pois isso que é o amor.

CAPÍTULO 6

ROMANCES BÍBLICOS

Nesse tópico nós vamos contar determinadas histórias de relacionamentos que acabaram resultando em um casamento, entretanto, em nenhuma delas antes do casal se casar, houve uma aproximação mais afetuosa, como acontece nos dias de hoje, ou seja, o namoro. E é muito interessante observar que, mesmo sem os abraços, beijos que vemos entre os solteiros, esses casais prosperaram sentimentalmente.

Um pensamento que é muito popular sobre esse assunto é o de que o namoro é uma oportunidade para se conhecer melhor seu parceiro. Ideias assim são comuns na atualidade e podem lhe induzir ao erro. Eu vejo que as pessoas que as repetem, não analisam profundamente se isso tem fundamento ou não.

De acordo com a bíblia essa argumentação é extremamente deficiente e precária. E veremos o porquê mais baixo. Uma coisa eu digo, depois que entende-se o que é amor Ágape, você pode se apaixonar por qualquer um, basta você deixar seus preconceitos de lado.

O AMOR DE MOISÉS PELA ETÍOPE (NEGRA)

Nos acompanhe na passagem de <u>Números, Capítulo 12</u>:

"Miriã e Arão começaram a criticar Moisés porque ele havia se casado com uma mulher etíope (NEGRA). 'Será que o Senhor tem falado apenas por meio de Moisés?', perguntaram. 'Também não tem ele falado por meio de nós?'. E o Senhor ouviu isso. Ora, Moisés era um homem muito paciente, mais do que qualquer outro que havia na terra. Imediatamente o Senhor disse a Moisés, a Arão e a

Miriã: 'Dirijam-se à Tenda do Encontro, vocês três'. E os três foram para lá. Então o Senhor desceu numa coluna de nuvem e, pondo-se à entrada da Tenda, chamou Arão e Miriã. Os dois vieram à frente, e ele disse: 'Ouçam as minhas palavras: Quando entre vocês há um profeta do Senhor, a ele me revelo em visões, em sonhos falo com ele. Por que não temeram criticar meu servo Moisés?' Então a ira do Senhor acendeu-se contra eles, e ele os deixou. Quando a nuvem se afastou da Tenda, Miriã estava leprosa; sua aparência era como a da neve. Arão voltou-se para Miriã, viu que ela estava com lepra e disse a Moisés: '"Por favor, meu senhor, não nos castigue pelo pecado que tão tolamente cometemos"'.

Antes de começar a falar sobre essa história é necessário abrirmos um parêntese para uma determinada questão. Do ponto de vista teológico, a discriminação que citamos não se deu em razão dela ser negra, mas principalmente porque era etíope, visto que os etíopes fisicamente eram praticamente idênticos aos egípcios mulatos e negros, que escravizaram os israelitas por quatrocentos anos.

Imagine só se Moisés, que já era casado com Zípora e já tinha dois filhos, resolve se unir com outra mulher muito provavelmente mais nova. Naquele tempo o homem poderia se casar com tantas mulheres quisesse, não havia limites, porém ele era obrigado a sustentá-la e seus respectivos filhos também.

No campo das hipóteses, acreditamos que as críticas que Arão e Miriã, seus irmãos, fizeram se deu da seguinte maneira: tantas mulheres desimpedidas em Israel e você foi se interessar justamente por um etíope de pele escura, que tem uma cultura diferente da nossa, que se veste diferente de nós, que tem hábitos diferentes do nosso. Será que não havia israelitas que lhe fossem agradáveis aos teus olhos? Porque você resolveu colocar uma etíope para ser membro da nossa família? Logo, nós não achamos que Deus lhe instruiria a casar com esse tipo de moça.

Percebam que, na visão de Arão e Miriã, Deus não havia autorizado Moisés a tomar esse tipo de atitude. Em até certo ponto poderia concordar com os dois, mas a partir do momento que a Etíope escolheu a nação de Israel para viver, ela automaticamente estava concordando com os costumes dos israelitas, ou seja, o Deus de Israel a partir dali seria o Deus dela também e Moisés sabia perfeitamente disso.

Ele jamais, por todo conhecimento que tinha, iria se unir com alguém que fosse adepto de um outro credo religioso, pois ele era o líder de uma nação que tinha quase dois milhões de pessoas ao seu comando; se assim o fizesse certamente que outros com base no seu exemplo fariam à mesma coisa.

Miriã nutria de forma mais intensa um preconceito com relação a essa jovem negra e por essa razão foi exemplarmente punida. Mais tarde, Deus recupera sua saúde. O interessante que Moisés não se importou com a oposição de seus irmãos que, por sua vez, eram mais velhos, mesmo com essa pressão, ele preferiu ficar com a Etíope, porque ele a amava e sabia que Deus havia consentido seu casamento.

Vejam que sua decisão em continuar com a etíope foi tomada utilizando da razão e não da emoção, pois quando Miriã adquiri a lepra ele teve absoluta certeza que Deus havia aprovado sua escolha. Então, por mais que seus parentes e outras pessoas de seu círculo social, possam criticar sua escolha em razão de seu parceiro ser branco, pardo, negro, alto, baixo, barrigudo(a), magrelo(a), muito novo ou já de uma idade avançada, quieto ou falante etc, tenha convicção de que essa escolha foi baseada no que Deus lhe indicou; se foi, siga em frente, não tenha receio dos comentários – Deus aprovando é o que importa, decerto que seu casamento será bem-sucedido.

Não deixe os preconceitos influenciarem suas decisões, tome como referência a palavra de Deus, que neste contexto está alicerçada naqueles três requisitos fundamentais.

"Desde toda a eternidade, Eu o Sou; e não há nada nem ninguém que possa fazer escapar algo ou alguém das minhas mãos. <u>AGINDO EU, QUEM IMPEDIRÁ</u>?" Isaías 43:13

O AMOR DE OSEIAS POR GÔMER

Havia um Profeta no velho testamento chamado Oseias e este recebe uma ordem de Deus para casar com uma meretriz chamada Gômer. Ele casa com ela e tem três filhos, dois meninos e uma menina. Só que ela o trai e este não faz nenhuma questão que ela retorne. Porém, Deus fala para perdoá-la e dar-lhe uma outra chance:

"E ele lhe disse: Tu ficarás comigo muitos dias; não te prostituirás, nem serás de outro homem; assim também eu esperarei por ti". Oséias 3:3

Primeira coisa interessante nessa história, Oseias cumpriu exatamente o propósito de Deus, não levou em consideração se essa mulher era branca, preta, oriental ou se era baixa, média estatura, alta ou se era magra, atlética ou gorda, não levou em consideração a idade dela, sendo que Gômer podia ser bem mais nova ou bem mais velha. Quer dizer, ele deixou essas variáveis para lá e foi cumprir o propósito de Deus, apesar de ter sido traído, foi bem-sucedido, pois teve três filhos.

Ou seja, não é por que ele foi traído que ele deixou de amar Gômer, muito pelo contrário, no versículo que citei acima, vejam o respeito que ele a tratou, assim que ela retornou. Vejam que, por meio do respeito, Oseias provou que amava Gômer; se o caro leitor ler o livro de Oseias, verá em que nenhum momento Oseias diz a sua esposa "eu te amo". Não foi por palavras que Oseias provou seu amor por sua esposa, mas por suas atitudes de consideração e respeito, isso que é amor.

E mais uma coisa fundamental, quando ele decide se relacionar novamente com Gômer a pedido de Deus, eu tenho quase certeza que se dependesse dele ele não faria, pois presumo que deve ter sido algo humilhante em razão do passado de Gômer, que era prostituta. Mas por amor a Deus ele procura sua esposa adúltera. Isso que é amor essa renúncia da sua vontade em prol de outro.

Simbolicamente esse casamento de Oseias e Gômer significou a união de Deus com a nação de Israel. Pois os israelitas nessa época foram servir a outros deuses, ou seja, se prostituíram com outras religiões, mas Deus por seu amor incondicional, anunciou que caso eles se arrependessem verdadeiramente iria perdoar-lhes, pois o Senhor os amava profundamente.

Então, vindo para nossos dias, o amor não é constituído por abraços, beijos, carinho, sexo etc, acima de tudo é respeito, pois Oseiás poderia ter dito o seguinte: não posso voltar com essa mulher da vida, que não me respeita. Tenho certeza que quase todos agiriam dessa forma, mesmo os que estão na igreja hoje. Porém, Oséias preferiu obedecer a vontade de Deus e amar a quem o senhor o destinou.

ISAQUE E REBECA – A UNIÃO PERFEITA

Existiu no livro de Gênesis, um casal chamado Isaque e Rebeca, quando eles resolveram se casar, um não conhecia o outro; a história deles é bem interessante e acho que vale a pena contá-la ao leitor.

Então, como dizíamos, estes nunca haviam sequer sido apresentados. Contando a história deles brevemente, o pai de Isaque, chamado Abraão, quando esse seu filho atinge 40 anos, pede para um dos seus servos ir a uma terra mais distante, onde estavam alguns dos seus parentes, a fim de conseguir uma esposa para Isaque.

Chegando ali, esse servo vê que há várias moças e, na dúvida de quem escolher, ele pede um sinal e Deus responde mostrando e trazendo Rebeca por meio de um ato que ela pratica, na qual ele identifica como sendo àquilo a resposta do Senhor que ele esperava.

Quando esse servo procura Rebeca e seus familiares para explicar o motivo de sua vinda, os familiares perguntam se Rebeca gostaria de acompanhá-lo. Esta, de imediato, aceita a proposta, sem saber as características físicas de seu futuro cônjuge. Não houve namoro! Não houve nem ao menos uma troca de olhares ou um beijinho no rosto. E se lermos as narrativas posteriores de suas vidas neste mesmo livro, veremos que eles tiveram dois filhos e que foram felizes apesar de alguns contratempos. Observem alguns versículos.

"E Isaque trouxe-a para a tenda de sua mãe Sara, e tomou a Rebeca, e foi-lhe por mulher, <u>e amou-a</u>. Assim Isaque foi consolado depois da morte de sua mãe". <u>Gênesis 24:67</u>"Isaque estava em Gerar já fazia muito tempo. Certo dia, Abimeleque, rei dos filisteus, estava olhando do alto de uma janela quando viu Isaque <u>acariciando</u> Rebeca, sua mulher". <u>Gênesis 26:8</u>

A união deles foi bem-sucedida por duas razões. A primeira, esperaram na resposta do Senhor. A outra foi porque tanto Rebeca como Isaque fizeram de tudo para que a união deles se consolidasse através do amor Ágape. Porque se dependesse do amor Eros, que é o resultado de uma atração física, jamais se uniriam, visto que eles nunca haviam se conhecido.

A atração física não foi requisito para que o casamento tivesse êxito, todavia, na sociedade de hoje é comum ter essa mentalidade, ou seja, que temos que conhecer bem os nossos parceiros, independentemente do fato de Deus aprovar ou não.

Desde a juventude, o meio social em que estamos formou nossas opiniões, trazendo a ideia de que Fulano(a), fazendo seu tipo, será um parceiro ideal, agora se o Ciclano(a) não é, você não quer saber – e logo passamos a ter os olhares voltados só para o Fulano (a). Contudo, questiono quais foram os parâmetros que você analisou para dizer que Fulano (a) faz seu tipo e Ciclano(a) não. Alguma referência você teve e será que essas foram as corretas?

Queremos dizer o seguinte, a união de Rebeca e Isaque deu certo porque eles fizeram às coisas acontecerem, eles não ficaram aguardando um ter atração pelo outro, eles simplesmente se engajaram para promover esse sentimento, e possivelmente durante a vida deles procuraram incentivar esse sentimento.

Imagine que em sua casa há uma lareira, se você acendê-la logicamente ela vai queimar em razão da madeira, agora se não for colocando madeira, uma hora o fogo vai terminar, então, você precisa colocar mais madeira, jornal, pano, qualquer coisa que incendem caso contrário o calor vai acabar. A responsabilidade de colocar os objetos para queimar é dos donos da lareira; eles que vão fazer com que o fogo se apague de vez, continue de forma moderada ou que atinja um grau de intensidade mais alto, isso vai depender do interesse que eles tiverem.

Esse casal da bíblia biologicamente não era nada diferente do ser humano de hoje, entretanto eles respeitaram à vontade do Deus Soberano e mostraram que é possível amar qualquer pessoa, mesmo não a conhecendo.

Traduzindo o exemplo deles para os dias atuais, muitas vezes Deus apresenta uma pessoa que tem todas as qualidades para ser seu cônjuge, mas você não se sente atraído por ela e a ignora, por outro(a) que lhe apareça conveniente aos seus olhos. Porém, antes de começar desejar àquela pessoa de forma amorosa, você precisa saber se o Senhor está de acordo com esse relacionamento, pois se ele não aprovar, ainda que você se una a essa pessoa em função do livre arbítrio, você pode no futuro ter problemas.

A união de Isaque e Rebeca não foi um sucesso só porque eles souberam amar um ao outro, mesmo não se conhecendo, mas sobretudo porque eles escutaram a voz do Senhor que aprovava aquela união, então procure se espelhar nesse exemplo e fazer a mesma coisa.

A LADRA RAQUEL - "AMOR CEGO DE JACÓ"

Na época do velho testamento, era honroso para a mulher receber um convite de casamento, independentemente do homem que a convidasse; infelizmente, esse valor deixou de fazer parte da nossa sociedade contemporânea. Hoje a mulher, mesmo que receba proposta de namoro, coloca restrição em razão de uma cultura mundana que já foi preestabelecida, ou seja, muitas vezes Deus coloca uma pessoa interessante no caminho dela, mas em razão de preconceitos que ela já estabeleceu, não o acha interessante e o ignora, e a mesma coisa ocorre com o homem. Quer dizer, toma-se decisões importantes sem Deus ser consultado. Eu vejo que na igreja esse comportamento é comum entre homens e mulheres e, por isso, os divórcios também ocorrem, talvez menos do que fora dela, mas acontecem.

No livro de Gênesis ocorre algo bem intrigante com um homem chamado Jacó. Jacó depois que se desentendeu com seu irmão Esaú se retirou de sua terra natal e foi habitar em outra região onde estavam os parentes de sua mãe. Quando chegou ali, encontrou uma moça chamada Raquel, que era sua prima; parece que foi, como se diz popularmente, amor à primeira vista, ou seja, Jacó se interessou por ela e possivelmente ela por ele.

Raquel, posteriormente, o apresenta ao seu pai (Labão) e seus demais familiares. Quando completou um mês que estava com eles, Jacó pede Raquel em casamento, mas o pai dela interfere e diz que para que esse casamento seja feito, Jacó deverá trabalhar para ele por sete anos, caso contrário nada feito. Jacó concorda.

Contudo, nessa história, Jacó não procurou saber se Deus estava de acordo com sua união com Raquel, como fez seu pai Isaque com relação a sua mãe Rebeca – ele se interessou por Raquel simplesmente por ela ser atraente (amor Eros).

Por um lado, eu elogio a atitude dele, porque ele sabia exatamente o que procurava, mas veremos mais tarde que essa decisão foi precipitada e podia ter-lhe custado caro. Tem muita gente que fala que é preciso dar tempo para conhecer o parceiro e muitas vezes ficam anos juntos, porém não se estabelece um matrimônio.

No meu trabalho, eu conheço um colega que namorou oito anos e não chegou a casar, e depois de todo esse período juntos, a moça resolveu terminar; o que eu acho mais incrível nessa história é que ele diz que não chegou a conhecê-la o suficiente. Pois é, no caso de Jacó só precisou de um mês. Sabe a diferença de Jacó e meu colega? É que Jacó viveu em uma comunidade que as pessoas tinham um padrão já estabelecido, ou seja, os valores de certo errado eram comuns a todos.

Hoje não, hoje cada cabeça uma sentença. Por isso, cada homem e cada mulher forma sua própria regra e quando chega no casamento essas regras se colidem, pois são diferentes, e as coisas acabam não indo bem, independentemente do tempo em que ficou-se namorando.

E eu poderia citar outros casais bíblicos como Rute e Boaz, Ester e o Rei Assuero, que mal haviam se conhecido e, em menos de seis meses, já casaram. Posso garantir-lhes que não foi amor à primeira vista como o de Jacó, contudo o amor desses dois casais foi motivado pela fé e razão, e não pelo desejo. Eles tinham a convicção em Deus que suas uniões dariam certo, mesmo não estando apaixonados, porque o sentido de amar era conforme a orientação divina e não conforme seus sentimentos e isso fez toda a diferença.

Entretanto, a situação de Jacó foi um tanto diferente. Jacó queria casar com Raquel em razão do amor Eros (atração física). Ele pede para casar, mas o pai dela diz que só após sete anos e, achei até sensato a decisão dele porque, na ocasião Jacó, mal tinha condições de se sustentar, quanto mais uma família, visto que ele havia chegado nessa terra com uma mão na frente e outra atrás, fugindo de seu irmão, ou seja, lhe faltava recursos. Além disso, Labão e sua filha Raquel, em razão da distância geográfica, não teria como questionar os pais de Jacó para saber seu histórico, visto que naquela época não havia telefone.

Então, foi necessário que ele convivesse alguns anos próximo de Labão, a fim de saber se realmente suas intenções eram boas e se ele tinha caráter. Após esses sete anos em que ficou trabalhando para Labão, Jacó progredi materialmente e prova ser uma pessoa capaz de tratar a filha dele com dignidade e respeito, porém Labão, em vez de ceder-lhe a filha mais nova, que era Raquel, oferece Lia, a filha mais velha, pois esse era o costume daquela região.

Não concordando com a decisão do sogro, porque não havia sido esse o combinado, Jacó o contesta e este resolve entregar Raquel, só que Labão obriga Jacó a trabalhar mais sete anos. Ao passar dos anos, Lia dá vários filhos a Jacó e Raquel permanece estéril. Só depois de muito tempo é que Raquel teve um filho, cujo nome foi José. Só que nesse período, pelos registros bíblicos, Raquel passou a ser idólatra, reverenciando outros deuses além do Senhor; talvez ela já fizesse essa prática antes de se casar, mas não temos como saber; essa suspeita ficará no campo da especulação. Por fim Raquel teve um outro filho chamado Benjamin, mas ela não resiste ao parto e morre.

Vocês acham que a decisão que Jacó tomou ao casar com Raquel foi a correta? Diante dos fatos posteriores se supõem que não, porque ele agiu de forma emocional e não racional. Além disso, ela morre cedo, e sabem por quê? Porque provavelmente ela ensinaria e incentivaria seus filhos a praticar a idolatria também. Para que isso não acontecesse, o Senhor permitiu que ela falecesse em um dos partos.

No livro de Gênesis, jamais Deus cita ou orienta a Jacó casar com Raquel, então o que o Senhor fez na morte de Raquel foi apagar um equívoco cometido por este, porque se Raquel sobrevivesse, o hábito dela traria consequências negativas dentro da família de Jacó. Vejamos alguns trechos que relatam essa situação:

"Enquanto Labão tinha saído para tosquiar suas ovelhas, Raquel roubou de seu pai <u>os ídolos do clã</u>". Gênesis 31:19

"Então Labão entrou na tenda de Jacó, e nas tendas de Lia e de suas duas servas, mas nada encontrou. Depois de sair da tenda de Lia, entrou na tenda de Raquel. Raquel tinha colocado <u>os ídolos dentro da sela do seu camelo</u> e estava sentada em cima. Labão vasculhou toda a tenda, mas nada encontrou". <u>Gênesis 31:33,34</u>

Então, como viram, esse é resultado do amor Eros, um sentimento que carece de bom senso e racionalidade, e que pode trazer problemas.

Agora, o que eu acho intrigante nesse fato, é que Jacó não havia se interessado por Lia, ele foi praticamente obrigado a casar com ela. Mas, se vê que ela foi uma mulher muito mais abençoada que Raquel e acabou tendo seis filhos e uma filha, enquanto Raquel, só dois. Além disso, ela quase desgraçou Jacó ao roubar os ídolos de seu pai, pois Labão poderia tê-lo matado pensando que fosse ele que havia roubado. Então, faça suas escolhas sempre baseado na razão (Lia) e não na emoção (Raquel).

O AMOR DE BOAZ POR RUTE

Rute foi uma mulher da antiguidade que habitava em um país chamado Moabe. Seu marido, chamado Malom, falece e, não demora muito, sua sogra Noemi, que também já era viúva, resolve voltar para sua antiga terra natal, Israel.

Noemi pedi que Rute permaneça em Moabe e que venha constituir uma outra família. Rute não aceita essa ideia e, com insistência, decidi acompanhar Noemi para Israel. Quando chega lá, Noemi encontra um parente de seu falecido marido, chamado Boaz, que era um proprietário de terras e que tinha idade para ser pai de Rute. Este permite que Rute, mesmo sendo estrangeira, colha cerais em sua lavoura – e mais do que isso, após ele ficar sabendo como Rute havia tratado, Noemi – ele se compadece da situação dela e a ajuda bastante, suprindo várias de suas necessidades.

Boaz não estende a mão para Rute porque ele estava se interessando sentimentalmente por ela – não foi por isso. Ele a ajuda porque nele havia presente o amor Ágape.

No meio dessa história, surgiu um contratempo. Havia um parente de Malom que chamarei aqui de Fulano, este era um parente mais próximo do que o próprio Boaz e, pela lei israelita, ele tinha o direito de ser o resgatador de Rute, ou seja, ele tinha o direito de casar com

Rute e ficar com a propriedade do falecido Malom, visto que na época as mulheres não poderiam herdar terras.

Mas, resumindo a história, esse sujeito resolve não assumir compromisso com Rute, pois ele é avisado por Boaz que se casasse teria que sustentá-la. Sabendo dessa responsabilidade pulou fora, ou seja, deixou o caminho livre para Boaz. Vejamos:

"Disse porém Boaz: No dia em que comprares a terra da mão de Noemi, também a comprarás da mão de Rute, a moabita, mulher do falecido, para suscitar o nome do falecido sobre a sua herança. Então disse o resgatador: Para mim não a poderei resgatar, para que não prejudique a minha herança; toma para ti o meu direito de remissão, porque eu não a poderei resgatar". Rute 4:5,6

Vejam que o resgatador tinha total conhecimento que casamento não é constituído de abraços, beijos, carinhos e sexo, ele tinha plena consciência que teria que sustentá-la e também possíveis filhos, vindo de um futuro relacionamento; e por isso inteligentemente presumindo que poderia não dar conta do recado, não assumiu esse compromisso; quem dera se os homens de hoje fossem assim, pois muitos problemas poderiam ser evitados.

O que Boaz sentia por Rute não era paixão e sim amor, pois ao casar com ela, este procurou sobretudo lhe ajudar. Tanto Boaz como Rute não estavam apaixonados, a união deles só ocorreu porque havia um propósito de Deus nisso e eles perceberam. O que promoveu a união desse casal não foi a paixão e sim o amor Ágape – amor este que mais tarde foi sendo lapidado e solidificado. Deus conhecia o coração de Boaz e por isso o colocou no caminho de Rute.

Vejam que ela poderia muito bem pensar como as moças de hoje, ah, mas eu mal conheço esse sujeito não dará certo, pois esse Boaz é velho demais ele tem idade para ser meu pai. Eu tenho certeza que 99,0% das mulheres de hoje pensariam dessa forma, inclusive as que estão frequentando alguma igreja.

Contudo, Rute teve um olhar espiritual para essa questão, ou seja, enxergou qualidades presentes em Boaz que não eram possíveis de enxergar; e por isso, foi muito bem-sucedida ao perceber os sinais que Deus estava lhe apresentando.

O AMOR DE DAVI POR ABIGAIL

Acompanhe um trecho da história abaixo.

"Então Davi disse a Abigail: Bendito o Senhor Deus de Israel, que hoje te enviou ao meu encontro. E bendito o teu conselho, e bendita tu, que hoje me impediste de derramar sangue, e de vingar-me pela minha própria mão".1 Samuel 25:32,33

"E, ouvindo Davi que Nabal morrera, disse: Bendito seja o Senhor, que julgou a causa de minha afronta recebida da mão de Nabal, e deteve a seu servo do mal, fazendo o Senhor tornar o mal de Nabal sobre a sua cabeça. E mandou Davi falar a Abigail, para tomá-la por sua mulher. Vindo, pois, os criados de Davi a Abigail, no Carmelo, lhe falaram, dizendo: Davi nos tem mandado a ti, para te tomar por sua mulher. Então ela se levantou, e se inclinou com o rosto em terra, e disse: Eis que a tua serva servirá de criada para lavar os pés dos criados de meu senhor".1 Samuel 25:39-41

Brevemente, vou lhes contar um resumo dessa narrativa, caso os leitores não tenham conhecimento. Havia um homem chamado Nabal e este era muito rico; um dia ele se desentendeu gravemente com Davi e seus soldados. Davi, por causa disso, resolveu matá-lo. Quando ele estava indo fazer o que havia prometido, Abigail, a esposa de Nabal, interveio a tempo e suplicou para que não fizesse tal coisa, pois segundo ela Nabal havia se precipitado. Davi viu na atitude dela algo tão formidável que, quando soube que Nabal havia morrido, pediu sua mão em casamento.

O interessante desse fato é que ele não se apaixona pela aparência dela, apesar da bíblia descrevê-la como sendo uma mulher bonita, o amor de Davi por ela não se deu em razão do amor Eros. Ele a achou tão inteligente ao trazer solução àquele problema, que certamente pensou: essa mulher ao meu lado vai me acrescentar bastante coisa e não deu outra, acabou casando com ela. Percebam que ele agiu com sabedoria, não com emoção.

E não termina aqui, o mais sensacional de tudo foi a atitude de Abigail, quando ela recebe a proposta de Davi, ela pensou: esse homem tem condições para me manter, serve o mesmo Deus que eu sirvo e seu histórico é exemplar, lembrando que Davi havia matado Golias.

Ela não escolheu Davi por que ele tinha bom papo, porque ele é bonito ou porque ele provavelmente seria mais novo do que ela. Ela aceita porque tinha convicção que Davi era a preparação de Deus, independentemente de estar apaixonada, ou seja, _ela não estava apaixonada,_ quando aceitou casar com Davi, mas agiu conforme o propósito de Deus.

Mais uma coisa que achei brilhante nesse relacionamento, ela não fez nenhuma exigência. Sabia muito bem o que queria e qual era o lugar dela; diga-se de passagem, nessa união nem sequer ocorreu um namoro, a partir do dia que seu esposo morreu, Abigail casou em menos de um mês, isso que é segurança, isso que é saber o que quer – quem dera que as mulheres de hoje pudessem agir dessa maneira, seria tão bom.

A decisão de Abigail foi baseada na razão e não na emoção! Então o amor de Abigail e Davi é prova de que Deus pode lhe preparar pessoas as quais você não tenha interesse. No caso de Abigail, ela soube ter discernimento e sabedoria para saber que Davi tinha sido colocado por Deus para ser seu marido; se você seguir nossas instruções, que estão apoiadas na bíblia, você também será capaz de tomar essa decisão.

CAPÍTULO 7

EXPERIÊNCIAS PESSOAIS

O que relatarei a partir de agora são situações de natureza particular, que pode servir-lhes ou não. Eu trarei esses relatos de interpretação mais subjetiva, pois entendo que vai contribuir para que os leitores adquiram mais conhecimento, no entanto, deixarei a cargo de cada pessoa se isso que falarei mais abaixo lhe será útil ou não.

Quando Deus formou Eva e a trouxe a Adão, o Criador não disse para o homem: olhe, Adão, esta é sua mulher e a partir de agora você deverá amá-la – ele jamais disse tal frase para Adão. A razão principal da criação da mulher era que esta viesse a fazer-lhe companhia, porque ele se sentia só.

Conforme o tempo foi passando, eles foram se conhecendo, se tornaram mais íntimos e aí se amaram. Bem, você poderia me dizer o seguinte: mas no caso deles não tiveram escolha, pois Eva era a única mulher e Adão o único homem.

Sim, caso o leitor tenha tido esse raciocínio, é totalmente lógico se pensar dessa maneira. Agora, analisando pelo lado espiritual, veremos que o que uniu os dois foi uma orientação de Deus, não foi algo casual apesar de aparentar.

Eu vejo que nada impediria Eva de dizer a Deus: Senhor, eu não quero Adão como esposo, pois percebemos que somos incompatíveis, logo me faça um outro homem; da mesma forma, Adão poderia dizer ao Criador que esta mulher não serve como esposa, isso poderia ter ficado evidente especialmente quando os dois comem do fruto proibido, possivelmente ali houve um atrito.

Posteriormente Adão e Eva vieram a se relacionar de forma mais intensa, não porque se amavam, mas se uniram por uma determinação divina. Eu presumo que eles procuraram de todas as maneiras fazer com que essa união se consolidasse e superasse àquela situação extremamente desagradável causada por darem ouvidos a serpente. Certamente que trabalharam para que esse episódio não se tornasse um problema a ponto de se separarem.

Percebam, o que uniu Adão e Eva não foi o amor Eros, mas foi o amor Ágape, que foi sendo desenvolvido no decorrer dos anos. Ou seja, inicialmente os dois não estavam apaixonados, mas, mesmo assim, se uniram e vejam que do sucesso dessa relação, nós seres humanos estamos aqui para contar essa história, pois se estes esperassem para surgiu algum sentimento mais forte, provavelmente não teria acontecido nada e não estaríamos aqui. Adão e Eva fizeram com que o casamento alcançasse triunfo, ainda que no começo não se sentissem atraídos.

Voltando para o nosso tempo, quando se entra em um trabalho novo não medimos esforços para agradarmos a chefia daquele lugar e assim permanecermos no emprego. Quer dizer, cada um de nós se empenha para dar bons resultados e assim sermos efetivados. A princípio, a intenção de Deus era que ocorresse a mesma coisa no casamento, ou seja, ele indica a pessoa e caberá a cada um de nós fazermos que àquele relacionamento tenha progresso.

Talvez o leitor esteja pensando que o caso de Adão e Eva faz muito tempo e hoje as coisas são diferentes. Pois é, infelizmente o modelo de Adão e Eva, entre outros casais bíblicos, ficaram para trás. Atualmente, as escolhas são feitas utilizando outros critérios e por essa razão se tornaram tão propícios ao fracasso. Mas vocês hão de convir que o plano de Deus não era esse, pois hoje infelizmente a maioria das pessoas passou a escolher seu companheiro sem consultá-lo.

Em janeiro de 2001, ingressei na Marinha e fui incorporado na Escola de Marinheiros de Florianópolis. No dia 13 de dezembro desse mesmo ano, eu e mais 366 marinheiros nos formamos e fomos distribuídos para determinadas regiões do país. Eu e mais alguns fomos deslocados para uma cidade chamada Rio Grande, que fica no litoral do Estado do Rio Grande do Sul, aliás este estado levou esse nome por causa desse município.

Naquele local, a Marinha tinha alguns navios e fui designado para servir em um navio denominado Corveta Imperial Marinheiro, que foi desativada em 2014, a foto da embarcação se encontra mais abaixo, um navio pequeno se comparado com outros navios. Eu fiquei trabalhando nessa embarcação até março de 2003.

Em março de 2003, eu fui designado para trabalhar em outra organização militar chamada Depósito naval de Rio Grande (Centro de Intendência) e tive que deixar o navio. Trabalhei neste Centro de Intendência por três anos e no final desses três, fui transferido para a cidade do Rio de Janeiro e ali, por motivos particulares que não vem ao caso, resolvi pedir baixa (demissão).

Pois bem, por que eu estou contando essa história do meu passado? Daqui a pouco vocês entenderão.

Quando eu estava trabalhando nesse navio, foi o pior período da minha vida profissional; esta embarcação quando estava <u>no mar,</u> jogava de um lado para outro sem parar, pois ele era desprovido de sistemas hidráulicos que amortizassem o impacto das ondas, ao contrário de navios mais modernos, e se eu não tomasse remédios para enjoo, passava muito mal ao ponto de ter dificuldade para ficar em pé. Demorou para me acostumar com a vida a bordo.

Sofri muito assédio moral por parte de outros tripulantes, passando por vários constrangimentos de natureza psicológica, que não vale a pena contar aqui. Além disso, o esgotamento mental e físico que eu tive nesse local foram intensos; era muito serviço e a saudade que eu sentia dos meus familiares, que ficaram no interior de São Paulo, era enorme.

Nossa, como os meses passaram devagar! A minha impressão era que uma semana durava duas. Hoje eu reconheço que não tinha aptidão para àquela atividade, pois era bem desgastante, aliás são poucos os que tem vocação para isso.

Quando eu fui transferido para o Depósito Naval, as coisas mudaram da água para o vinho. A tripulação daquela organização militar era totalmente diferente da Corveta Imperial Marinheiro. Parecia que eu estava em outra Marinha, passei momentos muito agradáveis naquele lugar e, se hoje eu tenho boas lembranças da Instituição, é por causa dessa organização e não por causa do navio, apesar de ter encontrado algumas pessoas legais enquanto estava na corveta.

Bom, vamos supor que a tripulação do depósito estivesse na Corveta Imperial Marinheiro e a tripulação desse navio fosse trabalhar no depósito, vocês não acham que o ambiente de ambos os lugares se alteraria? Certamente que sim. Ou seja, eu detestaria o depósito e passaria a gostar do navio, porque o que me fazia detestar o navio não era exatamente as condições de trabalho, que como dito eram duras, mas as pessoas que estavam ali, que eram difíceis de se lidar.

Então, voltando para o assunto de namoro/casamento eu quero que entenda que é você que faz do seu casamento ser bom ou ruim, se você não tem interesse em fazer o melhor para seu cônjuge, seu casamento nunca será bom. Você é a tripulação!

Quando você não tem o amor previsto pela bíblia, é natural que as coisas não corram bem, ou seja, o navio tornou-se ruim não porque o navio (casamento) em si é ruim, mas quem faz dele ruim são as ações dos tripulantes, independente da dificuldade que surja naquele navio ou naquele casamento.

Independentemente de quem esteja ao seu lado, quando se tem o amor Ágape, as coisas tendem a dar certo. Com o amor Ágape, você tem a capacidade de transformar o ambiente do seu lar para melhor, vai depender de seu interesse.

Assim como as pessoas desse depósito fizeram desse local um lugar muito bom para se trabalhar, você pode fazer do seu casamento ou seu namoro algo bom ou ruim, tudo dependerá de suas atitudes e decisões, ou seja, do seu engajamento para fazer tudo melhor.

O Senhor pode lhe trazer uma pessoa na qual, a princípio, você não tem interesse, isso pode perfeitamente ocorrer, mas quando acontecer, você deve estar preparado(a) para lidar com esse tipo de situação.

Você deve fazer a diferença, visto que dentro de você, Deus já concedeu o amor Ágape, agora é só desenvolvê-lo; se no exemplo de Boaz e Rute você não conseguiu se espelhar, se espelhe no de Adão e Eva. Deus já lhe deu a fórmula do sucesso, observe estes exemplos, entre outros que citamos, e os siga.

Em 2002-2003, eu tive uma namorada e estive prestes a noivar, entretanto por razões pessoais, isso acabou não acontecendo e nos separamos. Na época fiquei triste, mas, no fundo, eu tinha convicção que não era a melhor pessoa para ela, apesar de amá-la.

A vida seguiu e, em menos de um ano, ela casou-se e depois eu me mudai de cidade e ela também, nunca mais a vi ou tive notícias. Em

2014, através da internet, por quase uma casualidade, fiquei sabendo que ela tinha um site onde comercializava artesanatos; resolvi entrar em contato perguntando como estava.

Resumidamente, fiquei sabendo que ela já havia tido uma filha e que estava muito bem materialmente, apesar de alguns conflitos ocasionais com o marido. Contudo, fiquei feliz por ela, pois fazendo uma autocrítica, eu não poderia ter proporcionado a vida que ela merecia, o qual seu esposo estava fazendo muito bem.

Eu percebi que ela ainda gostava de mim, eu da mesma forma. Entretanto, a minha demonstração de amor por ela é que esta permanecesse junto do seu marido. E analisando o passado, fiquei feliz de termos se separados, pois se ela tivesse casado comigo, eu teria dado uma vida muito inferior em comparação a vida que ela havia adquirido. Eu a amava tanto que não queria que isso acontecesse.

Isso é amor! Pois, a felicidade dela não era do meu lado, mas ao lado de seu companheiro atual. Eu como homem e ela como mulher não podemos escapar de nossos sentimentos, pois são forças praticamente inevitáveis, quando vemos, já aconteceu.

É como se deparássemos com um urso bem grande na floresta. Apesar de ser difícil dominar este animal, mas com certo esforço e utilizando técnicas corretas podemos fazê-lo ou simplesmente fugir, desde que façamos da maneira certa; e igualmente os nossos desejos mais ardentes também podem ser dominados a partir do momento que temos interesse em fazê-lo.

É por isso que estamos aqui, falando insistentemente, quando você ama, você respeita, você se coloca no lugar do outro. Nesse caso, eu me coloquei no lugar do marido dela e a evitei, pois apesar de não conhecê-lo, eu o amo como meu próximo, pois se ele ficasse sabendo que ela estava falando comigo, talvez não gostasse, aliás quem gostaria ao saber que seu parceiro(a) anda falando com seu ex?

Logo, serão por meio dos nossos exemplos que levaremos os outros seres humanos a tomarem as mesmas atitudes, principalmente quando se trata dos mais jovens, ou seja, se não agirmos com amor, não espere que outras pessoas venham a tomar alguma atitude nesse sentido. A iniciativa deve sempre partir de nós, pois o nosso comportamento leva os outros que estão próximos a fazer a mesma coisa, com o passar do tempo.

O exemplo mais claro disso foi Jesus, quase tudo que a humanidade faz de bom, é reflexo dos exemplos e dos seus ensinamentos que este nos trouxe, ainda que a pessoa não acredite em Jesus, nós observamos no dia a dia pelo conjunto de leis que regram a sociedade, que estas se inspiraram nas orientações do Filho de Deus, elas não foram baseadas no ideal humano, mas nos ensinamentos de Jesus.

Portanto, se Jesus não deixasse seu exemplo e suas recomendações, você acha que eu iria querer saber se minha ex-namorada é casada? De forma nenhuma, pois meus valores do que é certo e errado seriam outros.

Então, caro leitor, procure ser um exemplo para os outros, pois as pessoas lhe observam e através de vocês outros irão ser levados a fazer a mesma coisa. Por exemplo, vamos supor que, ao terminar de ler esse livro, você arranje um namorado(a), eu acredito que levará em consideração o que falamos sobre o processo de escolha.

Se porventura perguntarem porque você escolheu essa pessoa, você vai dizer: porque Deus me orientou e aí explicará detalhadamente como foi. Ainda que possa ser uma única pessoa, alguém levará em consideração e procurará seguir seu exemplo, porque o seu exemplo é bom e pode fazer toda a diferença.

Por isso que o diabo gosta muito de trabalhar com telenovelas, pois ele atinge milhões de pessoas em pouco tempo, incentivando a fornicação, adultério, divórcios, induzindo as mulheres a usarem roupas indecentes, que provocam os homens. Esses maus exemplos, quando chegam nas casas das pessoas por meio da televisão, muitas vezes fazem estragos que as pessoas não se dão conta, destruindo gradativamente os valores morais da família.

Então, fechamos esse capítulo deixando o versículo abaixo para reflexão.

"Consagre ao Senhor tudo o que você faz, e os seus planos serão bem-sucedidos". Provérbios 16.3

CAPÍTULO 8

DEUS É CARIDADE (AMOR)

"Nós somos de Deus; aquele que conhece a Deus ouve-nos; aquele que não é de Deus não nos ouve. Nisto conhecemos nós o espírito da verdade e o espírito do erro. Amados, amemo-nos uns aos outros; porque o amor é de Deus; e qualquer que ama é nascido de Deus e conhece a Deus. Aquele que não ama não conhece a Deus; porque Deus é amor (caridade). Nisto se manifestou o amor de Deus para conosco: que Deus enviou seu Filho unigênito ao mundo, para que por ele vivamos. Nisto está o amor, não em que nós tenhamos amado a Deus, mas em que ele nos amou a nós, e enviou seu Filho para propiciação pelos nossos pecados. Amados, se Deus assim nos amou, também nós devemos amar uns aos outros. Ninguém jamais viu a Deus; se nos amamos uns aos outros, Deus está em nós, e em nós é perfeito o seu amor. Nisto conhecemos que estamos nele, e ele em nós, pois que nos deu do seu Espírito. E vimos, e testificamos que o Pai enviou seu Filho para Salvador do mundo. Qualquer que confessar que Jesus é o Filho de Deus, Deus está nele, e ele em Deus. E nós conhecemos, e cremos no amor que Deus nos tem. Deus é amor (caridade); e quem está em amor está em Deus, e Deus nele. Nisto é perfeito o amor para conosco, para que no dia do juízo tenhamos confiança; porque, qual ele é, somos nós também neste mundo. No amor não há temor, antes o perfeito amor lança fora o temor; porque o temor tem consigo a pena, e o que teme não é perfeito em amor. Nós o amamos a ele porque ele nos amou primeiro. Se alguém diz: Eu amo a Deus, e odeia a seu irmão, é mentiroso. Pois quem não ama a seu irmão, ao qual viu, como pode amar a Deus, a quem não viu? E dele temos este mandamento: que quem ama a Deus, ame também a seu irmão". 1 João 4:6-21

Nesse capítulo nos dedicaremos a falar sobre o mais alto estágio do amor, o amor incondicional de Deus. Imagine que quando Deus criou a terra, ele determinou para as águas que estas se juntassem em um lugar e pudesse ocorrer a formação da porção seca; logo pode preparar a terra para que nós seres humanos a habitássemos. Posteriormente criou a atmosfera, onde o ar pode ficar preso para respirarmos o oxigênio e para que ficássemos protegidos da radiação solar. Mais tarde criou os peixes, os animais terrestres e as plantas para que pudéssemos nos alimentar deles. Mais tarde, criou o homem e depois a mulher.

Vejam bem que Deus, desde quando ele disse haja luz naquela escuridão, ele se importou conosco, pois ele não queria que ficássemos em trevas, isso que é amor; quando ele estabeleceu que o oceano vai só até um determinado lugar, ele já pensava em nós, no nosso bem-estar. Isso que é amor. Quando ele formou o ar e as fontes de água doce (chuvas, rios, lençóis freáticos), ele também pensava em nosso bem-estar, tudo isso é amor; quando ele formou o homem e viu que este estava sozinho, se compadeceu, e mostrando novamente seu amor, formou uma mulher.

Criou a lua para governar principalmente as marés, pois se não estas invadiriam os continentes várias vezes durante o dia, destruindo todos nós; Deus criou outras coisas mais, contudo eu me restringirei a falar dessas, pois são as mais importantes.

Quando pecávamos e estávamos perdidos, ele enviou Jesus, seu único filho, para se sacrificar por nós. Que Pai faria isso em prol da humanidade corrompida? Deus acredita em nós, ele acredita somos capazes de fazer a sua vontade, portanto não o decepcionamos.

"Mestre, qual é o grande mandamento na lei? E Jesus disse-lhe: Amarás o Senhor teu Deus de todo o teu coração, e de toda a tua alma, e de todo o teu pensamento". Mateus 22:36-37

Pensem, diante de tudo que Deus fez para nós, desde a criação, seria correto nós não retribuirmos esse amor? Seria justo?

A principal maneira que temos de retribuir sua graça (favor não merecido), é andando de acordo com seus mandamentos. Quando você o obedece, ainda que possa ser contra a sua vontade, você o respeita, logo, você o ama, é simples assim.

"E o segue a este, é: Amarás o teu próximo como a ti mesmo". Mateus 22:39

O seu próximo é a imagem e semelhança de Deus, quando você fala que esse ou aquele é feio, você está dizendo que Deus é um incompetente, porque este a qual você diz ser feio(a) faz parte da criação de Deus.

Quando você fala mal desse ou daquele, seja o motivo que for, será que tu estás amando teu próximo? Muito pelo contrário, no mínimo, você está demonstrando que não tem interesse de assim o fazer; o que você poderia fazer é orar, agora se não consegue, então, o melhor a se fazer é ficar quieto.

Procure não discriminar pessoas que aparentemente não lhe são agradáveis, como drogados, deficientes, homossexuais, mendigos, presidiário ou ex-presidiários e seus familiares, pessoas com doenças, principalmente aquelas que geram deformações. Coloque-se no lugar delas, pois poderia ser você. Todos estes são seu semelhante também, Deus quer que você os ame, pois ele não faz acepção de pessoas e nós deveríamos fazer o mesmo.

"Em tudo o que fiz, mostrei-lhes que mediante trabalho árduo devemos ajudar os fracos, lembrando as palavras do próprio Senhor Jesus, que disse: 'Há maior felicidade em dar do que em receber'. Atos 20:35

Então mostre que você ama a Deus se doando pelo próximo e, em especial, àqueles que são mais vulneráveis, mostre que você é diferente dos outros.

CONCLUSÃO

"Assim, em tudo, façam aos outros o que vocês querem que eles lhes façam; pois esta é a Lei e os Profetas". Mateus 7:12

"Mas eu lhes digo: Não resistam ao perverso. Se alguém o ferir na face direita, ofereça-lhe também a outra. E se alguém quiser processá-lo e tirar-lhe a túnica, deixe que leve também a capa. Se alguém o forçar a caminhar com ele uma milha, vá com ele duas. Dê a quem lhe pede, e não volte as costas àquele que deseja pedir-lhe algo emprestado. Mas eu lhes digo: Amem os seus inimigos e orem por aqueles que os perseguem, para que vocês venham a ser filhos de seu Pai que está nos céus. Porque ele faz raiar o seu sol sobre maus e bons e derrama chuva sobre justos e injustos. Se vocês amarem aqueles que os amam, que recompensa receberão? Até os publicanos fazem isso! E se vocês saudarem apenas os seus irmãos, o que estarão fazendo demais? Até os pagãos fazem isso! Portanto, sejam perfeitos como perfeito é o Pai celestial de vocês". Mateus 5:39-48

Então, fazendo uma conclusão sobre tudo que foi dito a respeito de casamento, perceba que você não é obrigado a casar, aliás a bíblia aconselha a nós ficarmos solteiros, exemplos disso são os Profetas Elias, Eliseu, Jeremias, Jesus e o apóstolo Paulo, que não vieram a casar, aliás esse último enfatiza bem essa situação. Vejamos:

"Estás ligado à mulher? Não busques separar-te. Estás livre de mulher? Não busques mulher". 1 Coríntios 7:27

Mas, se você ainda tiver interessado(a) em um homem ou numa mulher, análise essa pessoa, nunca faça a escolha por emoção, veja se seu pretendente, ou alguém que esteja interessado em você, corresponde ao que o versículo abaixo propõe.

"Ora, àquele que é poderoso para fazer tudo muito mais abundantemente além daquilo que pedimos ou pensamos, segundo o poder que em nós opera". Efésios 3:20

Se por acaso você constatar que nessa pessoa Deus está lhe trazendo algo mais do que você esperava, como cita o trecho acima, baseando-se principalmente naqueles três requisitos e não conforme as suas conveniências, namore com ela. Porém, se você não está enxergando nele(a) àquilo que a bíblia propõe, então tem alguma coisa errada, se afaste antes que seja tarde.

Quando você enxerga às coisas só com seus sentimentos, é como se você estivesse vendo só em preto e branco – agora quando você usa a sabedoria (razão), é como você enxergasse todas as cores de forma bem nítida, ou seja, Deus está permitindo que você enxergue situações que existem, mas que não são aparentes.

Então, quando você ama, você faz de tudo para agradar. Imagine uma pizzaria em que você é o garçom/garçonete, você fará de tudo para agradar a clientela, não é mesmo? Ou seja, sua função é servir e não ser servido. Em um relacionamento, o caro(a) leitor precisar entrar com essa mentalidade, pois se não tudo pode vir por água baixo.

Caso você não tenha essa ideia, então esqueça esse negócio de casamento, pois você não tem perfil para casar! – procure outras coisas que talvez possam lhe ser mais úteis, como estudar, trabalhar, viajar, passear, ler um bom livro, ouvir uma boa música etc. E jamais associe solteirice com fracasso ou infelicidade, eu posso lhe garantir que as pessoas solteiras vivem melhor do que as casadas, então, mude sua maneira de avaliar às coisas.

Muita gente pode me perguntar: mas eu peço a Deus já algum tempo por um esposo(a) e ele não me dá. Por que isso acontece? Vejam bem, Jesus, em uma certa ocasião, também pediu a seu Pai para que não fosse crucificado, mas o Senhor não o atendeu, observem:

"Pai, se queres, afasta de mim este cálice; contudo, não seja feita a minha vontade, mas a tua". Lucas 22:42

Bom se você anda de acordo e tem perfil para casar – Deus irá lhe dar um companheiro. Muitas vezes ele dá, mas a pessoa não aceita, alegando isso ou àquilo. Se isso aconteceu, então paciência, você ficará solteiro(a), pois Deus não irá se adaptar aos seus interesses, é só olhar o caso de Jesus.

Em outra situação, é por que não é o tempo, imagine um homem pedindo uma esposa, mas esse não tem um emprego fixo, não tenho uma renda razoável, logo não tem sentido ele pedir uma companheira – primeiramente ele tem que estudar e se preparar – depois pense em casamento.

Mas, o leitor pode me questionar: tem muita gente que casa dessa forma aos trancos e barrancos. Com toda certeza; mas são situações onde Deus não estava presente, logo, nesse tipo de união, tudo de errado pode acontecer, visto que o que ocorreu se deu por uma casualidade e não por plano de Deus.

Então, finalizamos: ame seu próximo, pois o seu próximo são os estranhos, são seus inimigos, são aqueles que você dá pouca ou nenhuma importância, faça a diferença seja o sal dessa terra. Mostre seu amor por Deus, não dizendo que simplesmente o ama; o ame seguindo seus mandamentos, pois quando você respeita suas regras, você está dizendo que ama a Deus sobre todas as coisas.

Jamais deixe que o mundo corrompa o amor que está dentro de você, pois o amor é um reflexo de Deus, assim sendo uma pessoa que não tem amor, não tem Deus em sua vida.

"E, por se multiplicar a iniquidade, <u>o amor de muitos esfriará</u>". (Mateus 24:12)

Agradeço a Deus que me inspirou e a todos que se disponibilizaram a ler essa obra. Fica aqui meus desejos para que, de alguma maneira, tudo que escrevemos venha lhe ajudar nas suas relações pessoais, nos seus relacionamentos amorosos e, em especial, com seu Criador.

Aproveito a ocasião, os convido a ler outros trabalhos de minha autoria: A Verdadeira História de Lúcifer, Escolhendo o Par Ideal, Escapando da Depressão e o Charlatanismo na Igreja.

Muito obrigado por prestigiar esse trabalho! Que o Senhor o abençoe grandemente e até uma próxima vez, se vivermos e se assim Deus permitir.